DA ALIENAÇÃO FIDUCIÁRIA EM GARANTIA

Dados Internacionais de Catalogação na Publicação (CIP)
(Câmara Brasileira do Livro, SP, Brasil)

Roque, Sebastião José
   Da alienação fiduciária em garantia / Sebastião
José Roque. -- 1. ed. -- São Paulo: Ícone, 2010. --
(Coleção Elementos de Direito)

   ISBN 978-85-274-1107-3

   1. Alienação fiduciária - Brasil I. Título.
II. Série

10-03995   CDU-347.277.8(81)

Índice para catálogo sistemático:

1. Brasil: Alienação fiduciária em garantia:
      Direito civil   347.277.8(81)

SEBASTIÃO JOSÉ ROQUE

Bacharel, Mestre e Doutor em Direito pela Faculdade de Direito da Universidade de São Paulo
Advogado e Assessor Jurídico Empresarial
Professor de Direito, Árbitro e Mediador
Presidente da Associação Brasileira de Arbitragem – ABAR
Presidente do Instituto Brasileiro de Direito Comercial "Visconde de Cairú"
Especialização nas Universidades de Bolonha, Roma e Milão, e Panthéon-Sorbonne
Professor da Universidade de Cosenza (Itália)
Autor de 30 obras jurídicas publicadas e cinco no prelo

DA ALIENAÇÃO FIDUCIÁRIA EM GARANTIA

Ícone editora

© Copyright 2010
Ícone Editora Ltda.

Capa
Richard Veiga

Diagramação
Meliane Moraes

Revisão
Cláudio J. A. Rodrigues
Juliana Biggi

Proibida a reprodução total ou parcial desta obra,
de qualquer forma ou meio eletrônico, mecânico,
inclusive através de processos xerográficos,
sem permissão expressa do editor
(Lei n° 9.610/98).

Todos os direitos reservados pela
ÍCONE EDITORA LTDA.
Rua Anhanguera, 56 - Barra Funda
CEP 01135-000 - São Paulo - SP
Tel./Fax.: (11) 3392-7771
www.iconeeditora.com.br
e-mail:iconevendas@iconeeditora.com.br

ODE AO ACADÊMICO

O PODER DA MENTE

Pobre de ti se pensa ser vencido;
Tua derrota é caso decidido;
Queres vencer, mas como em ti não crês
Tua descrença esmaga-te de vez.
Se imaginas perder, perdido estás;
Quem não confia em si, marcha para trás.
A força que te impele para frente
É a decisão firmada em tua mente.
Muita empresa esboroa-se em fracasso
Inda antes de dar o primeiro passo.
Muito covarde tem capitulado
Antes de haver a luta começado.
Pensa em grande e teus feitos crescerão;
Pensa em pequeno e irás depressa ao chão.
O querer é poder arquipotente,
É a decisão firmada em tua mente.
Fraco é quem fraco se imagina;
Olha ao alto quem ao alto se destina.
A confiança em si mesmo é a trajetória
Que leva aos altos cimos da vitória.
Nem sempre quem mais corre a meta alcança,
Nem mais longe o mais forte o disco lança.
Mas se és certo em ti vai firme, vai em frente
Com a decisão firmada em tua mente.

S. J. Roque

ÍNDICE

1. ASPECTOS CONCEITUAIS DA ALIENAÇÃO FIDUCIÁRIA, 13
   - 1.1. Análise desse negócio fiduciário, 15
   - 1.2. Estabelecendo um conceito, 15
   - 1.3. Disposições do Código Civil, 16
   - 1.4. Características da AFG, 17
   - 1.5. Confiança na propriedade, 18

2. LEGISLAÇÃO PERTINENTE, 21
   - 2.1. A sobreposição de leis, 23
   - 2.2. Enumeração das leis pertinentes, 25
   - 2.3. Necessidade de reformulação legislativa, 25
   - 2.4. O Decreto-lei 911/65, 26
   - 2.5. A Lei 9.514/97, 29

3. DA PROPRIEDADE RESOLÚVEL, 35
   - 3.1. Aspectos conceituais, 37
   - 3.2. As duas versões da propriedade resolúvel, 38
   - 3.3. A alienação fiduciária de bem imóvel, 39
   - 3.4. As disposições do Código Civil, 40
   - 3.5. Os antecedentes, 42
     - 3.5.1. Retrovenda, 42
     - 3.5.2. Fideicomisso, 43
     - 3.5.3. Pacto de melhor comprador, 43
     - 3.5.4. Venda com reserva de domínio, 43

3.5.5. Venda a contento, 44
3.5.6. Diferenças com a propriedade fiduciária, 44

4. DA CESSÃO DO CRÉDITO, 47
4.1. A transferência do crédito, 49
4.2. O instrumento de cessão, 50
4.3. Cessão do débito, 51

5. NATUREZA JURÍDICA DA AFG, 53
5.1. Natureza obrigacional, 55
5.2. Natureza real, 56
5.3. Objetivo de natureza real, 57
5.4. Natureza jurídica empresarial, 58

6. DIREITOS E OBRIGAÇÕES DO FIDUCIANTE, 59
6.1. Direitos do fiduciante, 61
6.1.1. Direitos de propriedade, 61
6.1.2. Uso da coisa alienada, 61
6.1.3. Isenção de prejuízos, 62
6.1.4. Manutenção da posse, 62
6.1.5. Direito de defesa, 62
6.2. Obrigações do fiduciante, 62
6.2.1. Pagamento da dívida, 63
6.2.2. Responsabilidade perante terceiros, 63
6.2.3. Obrigações de depositário, 63
6.2.4. Entrega da coisa alienada, 64

7. DIREITOS E OBRIGAÇÕES DO FIDUCIÁRIO, 65
7.1. Direitos do fiduciário, 67
7.1.1. Recebimento do crédito, 67
7.1.2. Restituição na falência do fiduciante, 67
7.1.3. Direito de posse indireta, 67
7.1.4. Consolidação do bem, 68
7.1.5. Auto pagamento de seu crédito, 68
7.1.6. Capacidade processual, 69
7.1.7. Cessão do crédito, 69
7.1.8. Vencimento antecipado, 69

7.2. Obrigações do fiduciário, 70
   7.2.1. Dar a quitação final, 70
   7.2.2. Respeito à posse do fiduciante, 70
   7.2.3. Receber o pagamento pelo fiduciante, 70
   7.2.4. Constituição legal, 71
   7.2.5. Devolução do excesso, 71
   7.2.6. Registro do contrato, 71
   7.2.7. Intimação do fiduciante, 71

8. DO CONSTITUTO POSSESSÓRIO, 73
   8.1. Cláusula obrigatória, 75
   8.2. O constituto possessório no contrato de compra e venda, 76

9. DO CONTRATO DE ALIENAÇÃO FIDUCIÁRIA, 79
   9.1. Aspectos conceituais, 81
   9.2. Dois tipos de contrato, 83
   9.3. Características do contrato, 84
   9.4. Requisitos obrigatórios, 88

10. EXTINÇÃO DA ALIENAÇÃO FIDUCIÁRIA EM GARANTIA, 93

11. FIGURAS INTERVENIENTES, 97
   11.1. Bilateralidade do contrato, 99
   11.2. Fiduciante, 99
   11.3. Fiduciário, 100
      11.3.1. Possibilidade paralela, 100
   11.4. Vendedor, 101

12. GARANTIAS ADICIONAIS À ALIENAÇÃO FIDUCIÁRIA EM GARANTIA, 103
   12.1. Tipos de garantia, 105
   12.2. A garantia real, 105
   12.3. A garantia pessoal ou fidejussória, 106
   12.4. Sub-rogação de direitos, 106

13. INSOLVÊNCIA DO DEVEDOR FIDUCIANTE, 109
    13.1. A falência do fiduciante, 111
    13.2. A insolvência civil do fiduciante, 111
    13.3. Efeitos da falência e da insolvência do fiduciante, 112

14. ORIGEM E EVOLUÇÃO HISTÓRICA DA ALIENAÇÃO FIDUCIÁRIA EM GARANTIA, 115
    14.1. Criação brasileira, 117
    14.2. A fidúcia romana, 118
    14.3. A fidúcia do direito germânico, 119
    14.4. A fidúcia inglesa, 120
    14.5. A AFG no Brasil, 121

15. OS DIREITOS FIDUCIÁRIOS SÃO ACESSÓRIOS, 125

16. MEDIDAS ASSECURATÓRIAS DOS DIREITOS DO CREDOR-FIDUCIÁRIO, 127
    16.1. As ações de defesa, 129
    16.2. Consolidação do bem alienado, 129
    16.3. O procedimento da busca e apreensão, 130
       16.3.1. Citação do fiduciante, 130
       16.3.2. Purgação da mora, 131
       16.3.3. Contestação, 131
       16.3.4. Decisão do processo, 132
       16.3.5. Processo autônomo, 132
    16.4. Execução da sentença, 133
    16.5. A recuperação da coisa, 133
    16.6. Ação de execução por quantia certa, 134
    16.7. Ação temerária de busca e apreensão, 135
    16.8. Adjudicação, pelo credor, da coisa alienada, 136

17. DA AÇÃO DE DEPÓSITO, 139
    17.1. Aplicação do instituto da conversão de ações, 141
    17.2. Requisitos da ação de depósito, 141
    17.3. A resposta do réu, 142
    17.4. Execução da sentença, 143
    17.5. A falência posterior à ação de depósito, 144

18. DA AÇÃO DE EXECUÇÃO POR QUANTIA CERTA, 147
    18.1. Os vários tipos de execução, 149
    18.2. As medidas são optativas, 150
    18.3. O executivo fiscal, 151
    18.4. Aplicação subsidiária, 152

19. ALIENAÇÃO FIDUCIÁRIA DE IMÓVEIS, 155
    19.1. A inovação no sistema, 157
    19.2. A finalidade da garantia, 157
    19.3. As partes, 159
    19.4. Do contrato, 159
    19.5. Requisitos do contrato, 159
    19.6. Da propriedade resolúvel de coisa imóvel, 161
    19.7. Consequências do inadimplemento do devedor, 161
        19.7.1. A posse também é resolúvel, 161
        19.7.2. Constituição do devedor em mora, 162
        19.7.3. Purgação da mora, 163
        19.7.4. A consolidação da propriedade, 163
        19.7.5. O leilão, 163
        19.7.6. Reintegração na posse, 164
    19.8. Bens objeto de alienação, 164
        19.8.1. A regulamentação, 164
        19.8.2. Bens enfitêuticos, 165
        19.8.3. Uso especial para fins de moradia, 166
        19.8.4. Propriedade superficiária, 166
        19.8.5. Alienação fiduciária de imóvel alugado, 167
        19.8.6. Direito real de uso, desde que suscetível de alienação, 167
        19.8.7. O direito de superfície, 169

20. PRISÃO CIVIL DO FIDUCIANTE INADIMPLENTE, 171
    20.1. As normas legais, 173
    20.2. Reações contra o rigor da lei, 173
    20.3. Localização do problema na esfera criminal, 175
    20.4. As teorias ao lado da lei, 176
    20.5. Casos excepcionais, 179
    20.6. O pacto de São José da Costa Rica, 180
    20.7. Os pronunciamentos judiciais, 182

21. DA PROPRIEDADE FIDUCIÁRIA, 185
 21.1. Aspectos conceituais, 187
 21.2. Constituição da propriedade fiduciária, 187
 21.3. Efeitos da propriedade fiduciária, 188
 21.4. Consequências do inadimplemento do devedor, 188
 21.5. Sub-rogação do crédito, 189
 21.6. Os vários institutos afins, 190
  21.6.1. Negócio fiduciário, 190
  21.6.2. Alienação fiduciária em garantia, 191
  21.6.3. Propriedade fiduciária, 191
  21.6.4. Pacto comissório, 191
  21.6.5. Propriedade resolúvel, 191

22. A AFG NAS CÉDULAS DE CRÉDITO, 193
 22.1. Aplicações especiais da AFG, 195
 22.2. A cédula de crédito industrial, 195
 22.3. A cédula de crédito à exportação, 196
 22.4. A cédula de crédito comercial, 196
 22.5. A cédula de crédito bancário, 197

23. DA MORA NA AFG, 199
 23.1. Aspectos conceituais, 201
 23.2. As disposições legais, 201
 23.3. Consequências da mora, 202
  23.3.1. Vencimento antecipado, 203
  23.3.2. Perda da posse da coisa, 203
  23.3.3. Sofrimento das ações fiduciárias, 203
  23.3.4. Perda do direito de propriedade, 203
  23.3.5. Pagamento do saldo, 204
 23.4. A purgação da mora, 204
 23.5. A prova da mora, 205
 23.6. O pronunciamento judicial, 205

1. ASPECTOS CONCEITUAIS DA ALIENAÇÃO FIDUCIÁRIA

1.1. Análise desse negócio fiduciário

1.2. Estabelecendo um conceito

1.3. Disposições do Código Civil

1.4. Características da AFG

1.5. Confiança na propriedade

1.1. Análise desse negócio fiduciário

Ulpiano queria comprar um carro, mas não tinha dinheiro e precisava ser financiado. Dirigiu-se à SABRICO S/A e comprou o automóvel à vista. Porém, não tinha dinheiro para pagar essa compra e a SABRICO não tinha dinheiro para financiar a venda. Entrou nessa operação a AUTOFIN Financiadora S/A, disposta a financiar a compra do carro e concordou em pagar à SABRICO o valor do automóvel, no valor de R$36.000,00 em 36 prestações de R$1.000,00 cada uma.

Realizou-se assim a venda, com a interveniência da vendedora, do comprador e da financiadora. Para garantir esse débito, Ulpiano vendeu o automóvel à AUTOFIN, que concordou em que ele ficasse na posse de Ulpiano, que usaria o carro. Ulpiano foi pagando as prestações do carro e ao final de 36 meses pagou a última prestação. A AUTOFIN devolveu então a Ulpiano a propriedade do carro, que não saiu de sua mão. Destarte, Ulpiano não detinha a propriedade do automóvel, mas a sua posse. O direito de propriedade e posse, ou seja, de propriedade plena, ele só conseguiu após o pagamento da última prestação.

Assim aconteceu a alienação fiduciária em garantia. Esse exemplo dá uma ideia bem clara do que representa essa operação, mas não é fácil conceituá-la, devido à sua complexidade. Vê-se que há pedaços de vários contratos e operações. Houve, neste caso, duas vendas, ou mais precisamente, dois contratos de compra e venda: a SABRICO vendeu a Ulpiano o automóvel e, neste momento, Ulpiano vendeu (ou alienou) esse mesmo veículo à AUTOFIN (a financiadora). Há nisto um contrato de garantia real, dando um direito de propriedade e também um contrato de mútuo dirigido, isto é, de financiamento. E depois o cancelamento da segunda venda, voltando o carro vendido à propriedade de Ulpiano.

A transferência da propriedade do veículo do devedor ao credor foi para garantir o cumprimento de uma obrigação, e depois, o transferiu de volta ao devedor quando este deixou de ser devedor, pois cumpriu sua obrigação.

1.2. Estabelecendo um conceito

A toda hora tocamos nos aspectos conceituais da alienação fiduciária em garantia, mas, para se ter noção mais precisa, devemos nos ater a um conceito que a própria lei nos dá, no artigo 1º do Decreto-lei 911/69:

A alienação fiduciária em garantia transfere ao credor o domínio resolúvel e a posse indireta da coisa móvel alienada, independentemente da tradição efetiva do bem, tornando-se o alienante ou devedor em possuidor direto e depositário com todas as responsabilidades e encargos que lhe incumbem de acordo com a lei civil e penal.

Teremos que apelar a esse dispositivo legal a todo o momento. Nota-se que a alienação fiduciária em garantia tem como seu objeto bens infungíveis e coisas móveis. A possibilidade dessa garantia em imóveis surgiu muito depois e tem regulamentação própria; dela falaremos mais adiante. Há possibilidade legal de alienação fiduciária em garantia sobre títulos de crédito, como duplicata, letra de câmbio ou nota promissória, mas não vemos muita conveniência e aplicação; o título de crédito pode ser transferido por simples endosso, quando a alienação fiduciária se torna bem mais complicada e trabalhosa. Além disso, o título de crédito tem vencimento curto, o que o transforma em um bem inapropriado.

Esse tipo de garantia encontrou larga aplicação em bens móveis duráveis, dominando principalmente a venda financiada de veículos automotores, mas também é aplicada em computadores e utilidades domésticas, como geladeiras e televisores.

1.3. Disposições do Código Civil

Aplica-se à alienação fiduciária em garantia o disposto nos artigos 1.421, 1.425, 1.426 e 1.436 do Código Civil, referentes ao penhor, uma vez que a alienação fiduciária de bem imóvel é bem semelhante à hipoteca. Vamos então examinar essas disposições e como se aplicam ao nosso caso.

O pagamento de uma ou mais prestações da dívida não importa exoneração correspondente da garantia, ainda que esta compreenda vários bens, salvo disposição expressa no título ou na quitação. Por exemplo: são alienados um automóvel e um caminhão no mesmo contrato. O devedor fiduciante paga a metade da dívida e, por isso, pretende liberar o automóvel do vínculo de garantia: não será possível por não ser a alienação fiduciária passível de fragmentação. Ela é indivisível.

O bem dado em garantia é como que entregue em depósito e o devedor-fiduciante será um depositário, devendo, segundo a lei, cuidar dele com cuidado e carinho como se seu fosse. O desgaste, a depreciação, a destruição do bem será da responsabilidade do depositário. Nestas hipóteses de vencimento antecipado da dívida, não se compreendem os juros correspondentes ao tempo ainda não decorrido. Assim, por exemplo: o contrato deve vencer-se em 30.9.2010 e, entretanto, vence-se antecipadamente em 30.7.2010; não podem ser cobrados juros referentes aos meses de agosto e setembro não vencidos.

Vamos encontrar outro conceito na Lei 9.514/97, que introduziu a AFG para coisas imóveis, a qual lhe dedica um capítulo especial, com os artigos 22 a 33, denominado: DA ALIENAÇÃO FIDUCIÁRIA DE COISA IMÓVEL:

> *A alienação fiduciária, regulada por esta Lei é o negócio jurídico pelo qual o devedor ou fiduciante, com o escopo de garantia, contrata a transferência ao credor, ou fiduciário, da propriedade resolúvel de coisa imóvel.*

Pelo que vimos, houve a princípio a alienação fiduciária de coisa móvel, que hoje é regulada pelo Decreto-lei 911/69 e depois surgiu a alienação fiduciária de coisa imóvel, regulada pela Lei 9.514/97. Porém, o conceito dado por uma lei vem a ser o mesmo, apenas mudando algumas palavras, mas conservando os mesmos fundamentos.

1.4. Características da AFG

Partindo das definições dadas pelas duas leis, extraímos as características dessa operação creditícia, que definem, individualizam e esclarecem o verdadeiro sentido dela. Comentaremos então essas características.

Natureza contratual

A alienação é um contrato. A Lei 9.514/97 diz que é um negócio jurídico. Essa expressão foi introduzida pelo Código Civil de 2002, substituindo a expressão ato jurídico, que se dividia em dois tipos: unilateral e bilateral. O negócio jurídico substituiu a designação de ato jurídico bilateral, um acordo entre partes, uma avença, um acerto, um ajuste entre duas pessoas. Todos esses termos são sinônimos de contrato. Além disso, a Lei fala que o fiduciante "contrata", o que significa a existência do contrato.

Garantia

É um sistema de garantia de crédito. Tem em mira alargar a aplicação do crédito.

Realce da propriedade

Esse sistema confia no poder da propriedade e na segurança que ela apresenta como a mais eficaz das garantias.

Amparo de ações judiciais

A defesa dessa modalidade de garantia conta com ações judiciais que lhe dão segurança.

1.5. Confiança na propriedade

Uma das mais salutares medidas de valorização do crédito foi tomada na antiga Roma, quase 500 anos antes de Cristo, com a **Lei *Poetelia Papiria***. Antes dessa lei o credor tinha disposição sobre o devedor inadimplente em muitos sentidos: poderia prendê-lo, reduzi-lo à escravidão ou até matá-lo. Não era suficiente para garantir o crédito e evitar o inadimplemento. Foi então que surgiu a ***Lex Poetelia Papiria***, transferindo a garantia da pessoa do devedor para o seu patrimônio.

Desde então o patrimônio do devedor, e já vão quase 2.500 anos, a propriedade tem sido a garantia que amparou o crédito e manteve a esperança dos credores. Foram-se aprimorando os sistemas de garantia pela propriedade, incluindo-se a mais moderna e mais eficiente delas: a propriedade fiduciária. É a espécie da propriedade criada pela AFG – Alienação Fiduciária em Garantia, que se vem alastrando dia a dia.

Desde o início da humanidade, e a própria Bíblia nos ensina, a propriedade foi cultivada por todos os povos e foi erigida e reconhecida como garantia do crédito. Tem sido criticada e combatida, como ainda hoje acontece com a AFG, apontada como ilegal e draconiana. Todavia, todas as críticas se desmoralizam e caem por terra.

A falha fatal de Carlos Marx foi se arremeter contra a propriedade privada a ponto de negar a existência dela. O resultado foi a falência do comunismo, sua decantada doutrina. Até mesmo a propriedade ilegalmente conquistada tem força de ação superior à própria vida. Existe um sambinha carioca denominado Em Festa de Rato Não Sobra Queijo, relatando a reunião de um bando de assaltantes para dividir os despojos de um roubo, e na divisão cada um se julgava o proprietário de tudo e uns matam e outros morrem na defesa do que julgavam ser sua propriedade.

Passando nossa teoria para o campo da garantia ao crédito, pode-se constatar que o apego à propriedade vem assegurando o pagamento das dívidas. Basta o devedor inadimplente sentir que a Justiça vai enfiar a mão no seu bolso, fatalmente a dívida será paga. A penhora de um bem economicamente valioso e a ameaça de leilão dá poderoso impulso para o pagamento do débito.

Num aspecto Carlos Marx tinha razão: a propriedade é fonte de litígios. Muitos desses litígios vão à Justiça, como nas ações de busca e apreensão e de depósito. Nessas ações se revela o apego do devedor inadimplente à propriedade, que luta com todas as forças para segurar seus bens, nem que tenha que pagar a dívida. Um jurista italiano, ao comentar o apego do homem à sua casa, disse que o homem se aferra tanto à sua casa que, mesmo depois de morto, para tirá-lo de lá será preciso o esforço de no mínimo quatro.

2. LEGISLAÇÃO PERTINENTE

2.1. A sobreposição de leis
2.2. Enumeração das leis pertinentes
2.3. Necessidade de reformulação legislativa
2.4. O Decreto-lei 911/65
2.5. A Lei 9.514/97

2.1. A sobreposição de leis

A alienação fiduciária em garantia surgiu com o Decreto-lei 4.728/65, que disciplinou o mercado de capitais e estabeleceu medidas para o seu desenvolvimento. O artigo 66 dessa lei regulamenta toda a prática dessa operação, fazendo parte da seção XIV, denominada Alienação Fiduciária em Garantia no Âmbito Financeiro e de Capitais. Não se entende de forma cabal porque a Lei do Mercado de Capitais regulamentou a alienação fiduciária em garantia, por ser assunto próprio do Direito das Obrigações ou Direito das Coisas. Aliás, o Código Civil, no Título X cuida do penhor, da hipoteca e da anticrese, ou seja, das garantias reais. A alienação fiduciária em garantia é uma garantia real e, portanto, deveria ali estar inserida. O Livro X, acima referido, pertence ao campo do Direito das Coisas. E a AFG está tão ligada ao Direito das Coisas e às garantias reais que o próprio artigo 66, no § 7º, diz que se aplicam a ela os artigos 1.421, 1.425, 1.426, 1.435 e 1.436 do Código Civil. Todos esses artigos se referem às garantias reais (penhor, hipoteca, anticrese).

Posteriormente, o Decreto-lei 911/69 alterou a redação do artigo 66 da Lei 4.728/65 e adicionou-lhe outras disposições, mormente de caráter processual.

Em 1973 surge o novo Código de Processo Civil, lei básica do Direito Processual, regulando três ações especiais na defesa da AFG: a ação de busca e apreensão, a ação de depósito e a ação de execução.

Vários anos depois, a Lei 9.514/97 estendeu a aplicação da AFG a coisas imóveis, já que tradicionalmente ela só se aplicava a coisas móveis.

Por seu turno, o Decreto-lei 911/69 diz que se lhe aplicam os artigos 1.421, 1.425, 1.426 e 1.436 do Código Civil. Esses artigos dizem respeito ao penhor, tendo em vista a semelhança existente entre a alienação fiduciária e o penhor. Traçamos amplas explicações a este respeito, no Capítulo referente ao contrato de alienação fiduciária.

Em nosso parecer, o Decreto-lei 911/69 revogou o artigo 66 da Lei do Mercado de Capitais, vale dizer, a Lei 4.728/65, embora não o declare expressamente. Todavia, o artigo 1º do Decreto-lei 911/69 diz:

> *"O artigo 66 da Lei 4.728, de 14 de julho de 1965, passa a ter a seguinte redação:*
>
> **A alienação fiduciária em garantia transfere ao credor o domínio resolúvel e a posse indireta da coisa móvel alienada, independentemente**

da tradição efetiva do bem, tornando-se o alienante ou devedor em possuidor direto e depositário com todas as responsabilidades e encargos que lhe incumbem de acordo com a lei civil e penal."

Diz o parágrafo 2º do artigo 1º da Lei de Introdução ao Código Civil que:

A lei posterior revoga a anterior quando expressamente o declare, quando seja com ela incompatível ou quando regule inteiramente a matéria de que tratava a lei anterior.

A revogação do artigo 66 da Lei 4.728/65 deve-se ao terceiro motivo acima expresso. Posteriormente, a Lei 10.931/2004 que dispõe sobre o patrimônio de afetação de incorporações imobiliárias, no artigo 67, diz expressamente a revogação do artigo 66 da Lei 4.728/65. Revoga também as Medidas Provisórias 2.160/01, 2.221/2001 DE 1.223/2001 sobre o mesmo assunto, poupando, entretanto, a Medida Provisória 2.220/2001.

O Brasil adotou novo Código Civil em 2002, mantendo importantes disposições do antigo sobre as garantias reais e trazendo disposições novas sobre a propriedade fiduciária, que é a garantia estabelecida pelo contrato de alienação fiduciária, nos artigos 1361 a 1368-A, formando o Capítulo IX, regulando a propriedade fiduciária.

Assim sendo, a Lei 4.728/65 nem deve mais ser citada, pois fora revogada tacitamente pelo Decreto-lei 911/69 e expressamente pela Lei 10.931/2004.

Nosso Código Civil incluiu a AFG entre os direitos reais e também regula a propriedade fiduciária nos artigos 1361 a 1368, incluindo essa regulamentação na legislação federal, e os artigos 1359 a 1360 regulamentam a propriedade resolúvel.

O Decreto-lei 413/69 criou e regulou a cédula de crédito industrial, título de crédito garantido por AFG. Em seguida, a Lei 6.313/75 criou a cédula de crédito à exportação e a Lei 6.480/80 criou a cédula de crédito comercial. Esses dois títulos podem ser garantidos por AFG.

Importante foi a Lei 10.931/2004, que regulamentou o patrimônio de afetação nas incorporações imobiliárias, porém, aproveitou do ensejo para modificar o Decreto-lei 911/69 no que tange à ação de busca e apreensão de bens alienados. Também criou a cédula de crédito bancário, que, a exemplo das outras cédulas de crédito, pode ser garantida por AFG.

2.2. Enumeração das leis pertinentes

Historiada a sucessão de leis, criando, modificando e enriquecendo a AFG, para melhor elucidação iremos enumerar o cipoal legislativo referente à AFG. Em suma, aponta-se a legislação surgida na ordem cronológica, abaixo apontada:

1965 – Lei 4.728/65 – cria a AFG

1969 – Decreto-lei 911/69 – Regulamenta a Lei 4.728/65

1969 – Decreto-lei 423/69 – Cria a cédula de crédito industrial, com AFG

1975 – Lei 6.313/75 – Cria a cédula de crédito à exportação, com AFG

1980 – Lei 6.480/80 – Cria a cédula de crédito comercial, com AFG

1997 – Lei 9.514/97 – Estende a AFG sobre os bens imóveis

2001 – Medida Provisória 2.220/2001 – Cria a concessão especial de uso para fins de moradia, que é direito real passível de AFG

2004 – Código Civil – Regulamenta a propriedade resolúvel e propriedade fiduciária

2004 – Lei 10.931/2004 – Cria a cédula de crédito bancário, com AFG e modifica o Decreto-lei 911/69

2.3. Necessidade de reformulação legislativa

Conforme se vê, no que tange à AFG, há uma salada legislativa indigesta. Não há uma lei específica sobre este assunto. Ela surgiu com a Lei 4.728/65, que disciplina o mercado de capitais, nada tendo a ver uma lei com a outra. Foi depois reformulada pela Lei 9.514/97 que disciplina o mercado imobiliário e, em seguida, pela Lei 10.931/2004, que dispõe sobre o patrimônio de afetação de incorporações imobiliárias.

Impõe-se a elaboração de uma lei que regulamente a AFG, que seja lei específica sobre este assunto e possa ser chamada de Lei da Alienação Fiduciária em Garantia, sem apelo a outras leis. Devem ser inseridas nela também as disposições do Código Civil que lhe dizem respeito.

2.4. O Decreto-lei 911/65

Altera a redação do art. 66, da Lei n° 4.728, de 14 de julho de 1965, estabelece normas de processo sobre alienação fiduciária e dá outras providências.

Os Ministros da Marinha de Guerra, do Exército e da Aeronáutica Militar, usando das atribuições que lhes confere o art. 1° do Ato Institucional n° 12, de 31 de agosto de 1969, combinado com o § 1° do art. 2° do Ato Institucional n° 5, de 13 de dezembro de 1968, decretam:

Art. 1°. O art. 66, da Lei n° 4.728, de 14 de julho de 1965, passa a ter a seguinte redação:

"Art. 66. A alienação fiduciária em garantia transfere ao credor o domínio resolúvel e a posse indireta da coisa móvel alienada, independentemente da tradição efetiva do bem, tornando-se o alienante ou devedor em possuidor direto e depositário com todas as responsabilidades e encargos que lhe incumbem de acordo com a lei civil e penal.

§ 1°. A alienação fiduciária somente se prova por escrito e seu instrumento, público ou particular, qualquer que seja o seu valor, será obrigatoriamente arquivado, por cópia ou microfilme, no Registro de Títulos e Documentos do domicílio do credor, sob pena de não valer contra terceiros, e conterá, além de outros dados, os seguintes:

a) o total da dívida ou sua estimativa;

b) o local e a data do pagamento;

c) a taxa de juros, as comissões cuja cobrança for permitida e, eventualmente, a cláusula penal e a estipulação de correção monetária, com indicação dos índices aplicáveis;

d) a descrição do bem objeto da alienação fiduciária e os elementos indispensáveis à sua identificação.

§ 2°. Se, na data do instrumento de alienação fiduciária, o devedor ainda não for proprietário da coisa objeto do contrato, o domínio fiduciário desta se transferirá ao credor no momento da aquisição da propriedade pelo devedor, independentemente de qualquer formalidade posterior.

§ 3º. Se a coisa alienada em garantia não se identifica por números, marcas e sinais indicados no instrumento de alienação fiduciária, cabe ao proprietário fiduciário o ônus da prova, contar terceiros, da identidade dos bens do seu domínio que se encontram em poder do devedor.

§ 4º. No caso de inadimplemento da obrigação garantida, o proprietário fiduciário pode vender a coisa a terceiros e aplicar o preço da venda no pagamento do seu crédito e das despesas decorrentes da cobrança, entregando ao devedor o saldo porventura apurado, se houver.

§ 5º. Se o preço da venda da coisa não bastar para pagar o crédito do proprietário fiduciário e despesas, na forma do parágrafo anterior, o devedor continuará pessoalmente obrigado a pagar o saldo devedor apurado.

§ 6º. É nula a cláusula que autoriza o proprietário fiduciário a ficar com a coisa alienada em garantia, se a dívida não for paga no seu vencimento.

§ 7º. Aplica-se à alienação fiduciária em garantia o disposto nos arts. 758, 762, 763 e 803 do Código Civil, no que couber.

§ 8º. O devedor que alienar, ou der em garantia a terceiros, coisa que já alienara fiduciariamente em garantia, ficará sujeito à pena prevista no art. 171, § 2º, inciso I, do Código Penal.

§ 9º. Não se aplica à alienação fiduciária o disposto no art. 1.279 do Código Civil.

§ 10. A alienação fiduciária em garantia de veículo automotor deverá, para fins probatórios, constar do Certificado de Registro, a que se refere o art. 52 do Código Nacional de Trânsito."

Art. 2º. No caso de inadimplemento ou mora nas obrigações contratuais garantidas mediante alienação fiduciária, o proprietário fiduciário ou credor poderá vender a coisa a terceiros independentemente de leilão, hasta pública, avaliação prévia ou qualquer outra medida judicial ou extrajudicial, salvo disposição expressa em contrário prevista no contrato, devendo aplicar o preço da venda no pagamento de seu crédito e das despesas decorrentes e entregar ao devedor o saldo apurado, se houver.

§ 1º. O crédito a que se refere o presente artigo abrange o principal, juros e comissões, além das taxas, cláusula penal e correção monetária, quando expressamente convencionados pelas partes.

§ 2º. A mora decorrerá do simples vencimento do prazo para pagamento e poderá ser comprovada por carta registrada expedida por intermédio de Cartório de Títulos e Documentos ou pelo protesto do título, a critério do credor.

§ 3º. A mora e o inadimplemento de obrigações contratuais garantidas por alienação fiduciária, ou a ocorrência legal ou convencional de algum dos casos de antecipação de vencimento da dívida facultarão ao credor considerar, de pleno direito, vencidas todas as obrigações contratuais, independentemente de aviso ou notificação judicial ou extrajudicial.

Art. 3º. O proprietário fiduciário ou credor poderá requerer contra o devedor ou terceiro a busca e apreensão do bem alienado fiduciariamente, a qual será concedida liminarmente, desde que comprovada a mora ou o inadimplemento do devedor.

§ 1º. Despachada a inicial e executada a liminar, o réu será citado para, em três dias, apresentar contestação ou, se já tiver pago 40% (quarenta por cento) do preço financiado, requerer a purgação da mora.

§ 2º. Na contestação só se poderá alegar o pagamento do débito vencido ou o cumprimento das obrigações contratuais.

§ 3º. Requerida a purgação da mora tempestivamente, o juiz marcará data para o pagamento, que deverá ser feito em prazo não superior a dez dias, remetendo, outrossim, os autos ao contador para cálculo do débito existente, na forma do art. 2º e seu § 1º.

§ 4º. Contestado ou não o pedido e não purgada a mora, o juiz dará sentença de plano em cinco dias, após o decurso do prazo de defesa, independentemente da avaliação do bem.

§ 5º. A sentença, de que cabe apelação, apenas, no efeito devolutivo, não impedirá a venda extrajudicial do bem alienado fiduciariamente e consolidará a propriedade e a posse plena e exclusiva nas mãos do proprietário fiduciário. Preferida pelo credor a venda judicial, aplicar-se-á o disposto nos arts. 1.113 a 1.119 do Código de Processo Civil. (Redação dada pela Lei nº 6.014, de 27.12.73).

§ 6º. A busca e apreensão prevista no presente artigo constitui processo autônomo e independente de qualquer procedimento posterior.

Art. 4º. Se o bem alienado fiduciariamente não for encontrado ou não se achar na posse do devedor, o credor poderá requerer a conversão do pedido de busca e apreensão, nos mesmos autos, em ação de depósito, na forma prevista no Capítulo II, do Título I, do Livro IV, do Código de Processo Civil. (Redação dada pela Lei nº 6.071, de 03.07.74).

Art. 5º. Se o credor preferir recorrer à ação executiva ou, se for o caso, ao executivo fiscal, serão penhorados, a critério do autor da ação, bens do devedor quantos bastem para assegurar a execução.

Parágrafo único. Não se aplica à alienação fiduciária o disposto nos incisos VI e VIII do art. 649 do Código de Processo Civil. (Redação dada pela Lei nº 6.071, de 03.07.74).

Art. 6º. O avalista, fiador ou terceiro interessado que pagar a dívida do alienante ou devedor, se sub-rogará, de pleno direito, no crédito e na garantia constituída pela alienação fiduciária.

Art. 7º. Na falência do devedor alienante, fica assegurado ao credor ou proprietário fiduciário o direito de pedir, na forma prevista na lei, a restituição do bem alienado fiduciariamente.

Parágrafo único. Efetivada a restituição, o proprietário fiduciário agirá na forma prevista neste decreto-lei.

Art. 8º. O Conselho Nacional de Trânsito, no prazo máximo de 60 dias, a contar da vigência do presente decreto-lei, expedirá normas regulamentares relativas à alienação fiduciária de veículos automotores.

Art. 9º. O presente decreto-lei entrará em vigor na data de sua publicação, aplicando-se, desde logo, aos processos em curso, revogadas as disposições em contrário.

2.5. A Lei 9.514/97

Da Alienação Fiduciária de Coisa Imóvel

Art. 22. A alienação fiduciária regulada por esta Lei é o negócio jurídico pelo qual o devedor, ou fiduciante, com o escopo de garantia, contrata a transferência ao credor, ou fiduciário, da propriedade resolúvel de coisa imóvel.

§ 1º. A alienação fiduciária poderá ser contratada por pessoa física ou jurídica, não sendo privativa das entidades que operam no SFI, podendo ter como objeto, além da propriedade plena: (Renumerado do parágrafo único pela Lei nº 11.481, de 2007)

I – bens enfitêuticos, hipótese em que será exigível o pagamento do laudêmio, se houver a consolidação do domínio útil no fiduciário; (Incluído pela Lei nº 11.481, de 2007)

II – o direito de uso especial para fins de moradia; (Incluído pela Lei nº 11.481, de 2007)

III – o direito real de uso, desde que suscetível de alienação;

IV – a propriedade superficiária. (Incluído pela Lei nº 11.481, de 2007)

§ 2º. Os direitos de garantia instituídos nas hipóteses dos incisos III e IV do § 1º. deste artigo ficam limitados à duração da concessão ou direito de superfície, caso tenham sido transferidos por período determinado. (Incluído pela Lei nº 11.481, de 2007)

Art. 23. Constitui-se a propriedade fiduciária de coisa imóvel mediante registro, no competente Registro de Imóveis, do contrato que lhe serve de título.

Parágrafo único. Com a constituição da propriedade fiduciária, dá-se o desdobramento da posse, tornando-se o fiduciante possuidor direto e o fiduciário possuidor indireto da coisa imóvel.

Art. 24. O contrato que serve de título ao negócio fiduciário conterá:

I – o valor do principal da dívida;

II – o prazo e as condições de reposição do empréstimo ou do crédito do fiduciário;

III – a taxa de juros e os encargos incidentes;

IV – a cláusula de constituição da propriedade fiduciária, com a descrição do imóvel objeto da alienação fiduciária e a indicação do título e modo de aquisição;

V – a cláusula assegurando ao fiduciante, enquanto adimplente, a livre utilização, por sua conta e risco, do imóvel objeto da alienação fiduciária;

VI – a indicação, para efeito de venda em público leilão, do valor do imóvel e dos critérios para a respectiva revisão;

VII – a cláusula dispondo sobre os procedimentos de que trata o art. 27.

Art. 25. Com o pagamento da dívida e seus encargos, resolve-se, nos termos deste artigo, a propriedade fiduciária do imóvel.

§ 1º. No prazo de trinta dias, a contar da data de liquidação da dívida, o fiduciário fornecerá o respectivo termo de quitação ao fiduciante, sob pena de multa em favor deste, equivalente a meio por cento ao mês, ou fração, sobre o valor do contrato.

§ 2º. À vista do termo de quitação de que trata o parágrafo anterior, o oficial do competente Registro de Imóveis efetuará o cancelamento do registro da propriedade fiduciária.

Art. 26. Vencida e não paga, no todo ou em parte, a dívida e constituído em mora o fiduciante, consolidar-se-á, nos termos deste artigo, a propriedade do imóvel em nome do fiduciário.

§ 1º. Para os fins do disposto neste artigo, o fiduciante, ou seu representante legal ou procurador regularmente constituído, será intimado, a requerimento do fiduciário, pelo oficial do competente Registro de Imóveis, a satisfazer, no prazo de quinze dias, a prestação vencida e as que se vencerem até a data do pagamento, os juros convencionais, as penalidades e os demais encargos contratuais, os encargos legais, inclusive tributos, as contribuições condominiais imputáveis ao imóvel, além das despesas de cobrança e de intimação.

§ 2º. O contrato definirá o prazo de carência após o qual será expedida a intimação.

§ 3º. A intimação far-se-á pessoalmente ao fiduciante, ou ao seu representante legal ou ao procurador regularmente constituído, podendo ser promovida, por solicitação do oficial do Registro de Imóveis, por oficial de Registro de Títulos e Documentos da comarca da situação do imóvel ou do domicílio de quem deva recebê-la, ou pelo correio, com aviso de recebimento.

§ 4º. Quando o fiduciante, ou seu representante legal ou procurador regularmente constituído se encontrar em outro local, incerto e não sabido, o oficial certificará o fato, cabendo, então, ao oficial do competente Registro de Imóveis promover a intimação por edital, publicado por três dias, pelo menos, em um dos jornais de maior circulação local ou noutro de comarca de fácil acesso, se no local não houver imprensa diária.

§ 5º. Purgada a mora no Registro de Imóveis, convalescerá o contrato de alienação fiduciária.

§ 6º. O oficial do Registro de Imóveis, nos três dias seguintes à purgação da mora, entregará ao fiduciário as importâncias recebidas, deduzidas as despesas de cobrança e de intimação.

§ 7º. Decorrido o prazo de que trata o § 1º sem a purgação da mora, o oficial do competente Registro de Imóveis, certificando esse fato, promoverá a averbação, na matrícula do imóvel, da consolidação da propriedade em nome do fiduciário, à vista da prova do pagamento por este, do imposto de transmissão *inter vivos* e, se for o caso, do laudêmio. (Redação dada pela Lei nº 10.931, de 2004)

§ 8º. O fiduciante pode, com a anuência do fiduciário, dar seu direito eventual ao imóvel em pagamento da dívida, dispensados os procedimentos previstos no art. 27. Art. 27. Uma vez consolidada a propriedade em seu nome, o fiduciário, no prazo de trinta dias, contados da data do registro de que trata o § 7º do artigo anterior, promoverá público leilão para a alienação do imóvel.

§ 1º. Se, no primeiro público leilão, o maior lance oferecido for inferior ao valor do imóvel, estipulado na forma do inciso VI do art. 24, será realizado o segundo leilão, nos quinze dias seguintes.

§ 2º. No segundo leilão, será aceito o maior lance oferecido, desde que igual ou superior ao valor da dívida, das despesas, dos prêmios de seguro, dos encargos legais, inclusive tributos, e das contribuições condominiais.

§ 3º. Para os fins do disposto neste artigo, entende-se por:

I – dívida: o saldo devedor da operação de alienação fiduciária, na data do leilão, nele incluídos os juros convencionais, as penalidades e os demais encargos contratuais;

II – despesas: a soma das importâncias correspondentes aos encargos e custas de intimação e as necessárias à realização do público leilão, nestas compreendidas as relativas aos anúncios e à comissão do leiloeiro.

§ 4º. Nos cinco dias que se seguirem à venda do imóvel no leilão, o credor entregará ao devedor a importância que sobejar, considerando-se nela compreendido o valor da indenização de benfeitorias, depois de deduzidos os valores da dívida e das despesas e encargos de que tratam os §§ 2º e 3º, fato esse que importará em recíproca quitação, não se aplicando o disposto na parte final do art. 516 do Código Civil.

§ 5º. Se, no segundo leilão, o maior lance oferecido não for igual ou superior ao valor referido no § 2º, considerar-se-á extinta a dívida e exonerado o credor da obrigação de que trata o § 4º.

§ 6º. Na hipótese de que trata o parágrafo anterior, o credor, no prazo de cinco dias a contar da data do segundo leilão, dará ao devedor quitação da dívida, mediante termo próprio.

§ 7º. Se o imóvel estiver locado, a locação poderá ser denunciada com o prazo de trinta dias para desocupação, salvo se tiver havido aquiescência por escrito do fiduciário, devendo a denúncia ser realizada no prazo de noventa dias a contar da data da consolidação da propriedade no fiduciário, devendo essa condição constar expressamente em cláusula contratual específica, destacando-se das demais por sua apresentação gráfica.

§ 8º. Responde o fiduciante pelo pagamento dos impostos, taxas, contribuições condominiais e quaisquer outros encargos que recaiam ou venham a recair sobre o imóvel, cuja posse tenha sido transferida para o fiduciário, nos termos deste artigo, até a data em que o fiduciário vier a ser imitido na posse. (Incluído pela Lei nº 10.931, de 2004)

Art. 28. A cessão do crédito objeto da alienação fiduciária implicará a transferência, ao cessionário, de todos os direitos e obrigações inerentes à propriedade fiduciária em garantia.

Art. 29. O fiduciante, com anuência expressa do fiduciário, poderá transmitir os direitos de que seja titular sobre o imóvel objeto da alienação fiduciária em garantia, assumindo o adquirente as respectivas obrigações.

Art. 30. É assegurada ao fiduciário, seu cessionário ou sucessores, inclusive o adquirente do imóvel por força do público leilão de que tratam os §§ 1º e 2º do art. 27, a reintegração na posse do imóvel, que será concedida liminarmente, para desocupação em sessenta dias, desde que comprovada, na forma do disposto no art. 26, a consolidação da propriedade em seu nome.

Art. 31. O fiador ou terceiro interessado que pagar a dívida ficará sub-rogado, de pleno direito, no crédito e na propriedade fiduciária.

Art. 32. Na hipótese de insolvência do fiduciante, fica assegurada ao fiduciário a restituição do imóvel alienado fiduciariamente, na forma da legislação pertinente.

Art. 33. Aplicam-se à propriedade fiduciária, no que couber, as disposições dos arts. 647 e 648 do Código Civil.

3. DA PROPRIEDADE RESOLÚVEL

3.1. Aspectos conceituais

3.2. As duas versões da propriedade resolúvel

3.3. A alienação fiduciária de bem imóvel

3.4. As disposições do Código Civil

3.5. Os antecedentes

    3.5.1. Retrovenda

    3.5.2. Fideicomisso

    3.5.3. Pacto de melhor comprador

    3.5.4. Venda com reserva de domínio

    3.5.5. Venda a contento

3.6. Diferenças com a propriedade fiduciária

3.1. Aspectos conceituais

Aspecto doutrinário interessante e importante na alienação fiduciária é o tipo de propriedade resolúvel, citada várias vezes na legislação pertinente. De uma forma simplista ou superficial é bem conceituada a propriedade resolúvel, que está prevista no Código Civil, nos arts.1359 a 1360, em capítulo denominado *Da Propriedade Resolúvel.*

Trata-se de uma espécie de propriedade; não é propriedade plena ou absoluta; é um tipo mais ou menos precário de propriedade, em que o proprietário tem a propriedade, mas não a posse; é este o estado patrimonial na alienação fiduciária. Nesse tipo de propriedade existe uma cláusula ínsita no contrato, declarando seu fim num determinado prazo, ou seja, com revogação prevista, e sem contar com a vontade do proprietário. É uma característica própria: é transitória, provisória, e não permanente. Podemos então considerar o termo resolúvel como sinônimo de revogável, provisório, extinguível ou rescindível, condicional.

Outra característica importante da propriedade resolúvel é a de que o proprietário não exerce direitos plenos e absolutos. Os romanos conceituaram a propriedade como *jus utendi, fruendi et abutendi* = direito de usar, gozar e dispor da propriedade. Na propriedade resolúvel, como acontece na alienação fiduciária, o proprietário não tem a posse do bem alienado, que permanece com o devedor-fiduciante.

O fudiciário tem a propriedade resolúvel do bem, ou seja, a propriedade conseguida em contrato com cláusula resolutória. Assim, na alienação fiduciária em garantia, o fiduciário tem a propriedade do bem, mas no próprio contrato de constituição dessa propriedade consta uma cláusula extinguindo-a nas condições previstas. Pela cláusula resolutória, no momento em que o fiduciante pagar a última prestação, resolve-se a propriedade e esta passa do fiduciário para o fiduciante. Enquanto a propriedade não se resolve, o fiduciante permanece com o bem na sua posse, mas na condição de depositário. Esta situação é prevista no art. 66 da Lei do Mercado de Capitais, artigo este que criou a alienação fiduciária em garantia. Pela sua clareza e amoldamento ao que acabamos de dizer, será conveniente expor aqui esse artigo:

A alienação fiduciária em garantia transfere ao credor o domínio resolúvel e a posse indireta da coisa móvel alienada, inde-

pendentemente da tradição efetiva do bem, tornando-se o alienante ou devedor em possuidor direto e depositário com todas as responsabilidades que lhe incumbem de acordo com a lei civil e penal.

Aspecto interessante da transação é a propriedade e posse do bem alienado, como, por exemplo, um veículo comprado com alienação fiduciária. O fiduciário, isto é, a financeira que financiou a compra é a proprietária do veículo, pois ele foi alienado a ela, mas não tem a posse do veículo; tem a propriedade, mas não a posse. Por sua vez, o fiduciante é possuidor direto; ele só vai adquirir a propriedade desse veículo no momento em que pagar a última prestação pela compra dele. O fiduciante não pode vender o veículo, pois não é dono dele, já que pertence ao fiduciário. Se vendê-lo, incorrerá em crime de estelionato, porquanto terá vendido um bem que não lhe pertence.

O traço característico da propriedade resolúvel é o de sua extinção prevista no título que a faz nascer, vale dizer, o título aquisitivo da propriedade já traz o germe de sua resolução. O próprio titular dos direitos de propriedade já sabe desde o início que sua propriedade deverá findar-se, resolver-se, pelas três causas que adiante veremos.

Como é sabido, domínio e propriedade são sinônimos perfeitos. O Decreto-lei 911/69 traz **domínio resolúvel**, mas a Lei 9.514/97 diz **propriedade resolúvel.**

3.2. As duas versões da propriedade resolúvel

A alienação fiduciária em garantia é criação tipicamente brasileira; não é encontrado no direito de outros países. Por isso, não podemos contar com a contribuição deles; mas o Brasil poderá contribuir com o direito do mundo inteiro nesse sentido. Verdade é que o antigo direito romano apresentou a fidúcia, base de nosso instituto, mas com aplicação prática que assumiu no Brasil somos autênticos. Entre nós, ela começou de forma singela, com o artigo 66 da Lei do Mercado de Capitais, que a previu apenas para o financiamento de bens móveis duráveis. Todavia, a Lei 9.514/97 estendeu a aplicação da alienação fiduciária em garantia para bens imóveis. Essa inovação criou novos critérios para a interpretação desse tipo de garantia, pois se aplicam alguns critérios diferentes para bens móveis e imóveis. Faremos neste compêndio estudo mais aprofundado da alienação fiduciária de bens imóveis.

Não há grandes diferenças, mas cada tipo apresenta alguns matizes especiais. Os dois são realmente tipos de garantia, e garantia real: a alienação fiduciária em garantia é um direito real de garantia, consubstanciado na propriedade do bem dado em garantia e baseado na transmissão da propriedade de um bem do fiduciante ao fiduciário.

Vamos porém retornar à operação de coisa móvel: Ulpiano compra da SABRICO um automóvel; a SABRICO é um terceiro, o vendedor, que não faz parte da alienação fiduciária. Ulpiano transmite a propriedade do automóvel à AUTOFIN (fiduciária), mas transfere uma propriedade resolúvel, e, assim, o fiduciante fica numa posição esquisita: é investido na qualidade de proprietário sob condição suspensiva e poderá ficar outra vez como proprietário pleno quando pagar a dívida. Assim sendo, o fiduciante é titular de um direito expectativo, um proprietário em potencial.

Ou então: o fiduciário é investido na posição de proprietário provisório, sem certos direitos de propriedade, devendo perdê-la quando receber seu crédito.

3.3. A alienação fiduciária de bem imóvel

Porém, veio a Lei 9.514/97, criando a alienação fiduciária de imóvel e outro tipo de propriedade, que foi chamada de **propriedade fiduciária**, em vez de propriedade resolúvel. Não deixa de ser propriedade resolúvel, pois sua resolução está prevista no contrato. A diferença é que não há pagamento de imposto de transmissão imobiliária, quer *inter vivos*, quer *causa mortis*, enquanto na transmissão de coisas móveis, como o automóvel, é emitida nota fiscal com o pagamento de impostos sobre a venda do bem, como o ICMS e o IPI.

Por que há pagamento de impostos na venda do bem móvel? É porque se operou a transferência de propriedade desse bem.

Por que não há pagamento de impostos na venda do bem imóvel? É porque não se operou a venda, mas promessa de venda; é contratação da venda e não venda. Contratar uma venda não é vender ou transferir. Vamos então interpretar a Lei 9.514/97, no seu artigo 22:

> *A alienação fiduciária regulada por esta Lei é o negócio jurídico pelo qual o devedor, ou fiduciante, com o escopo de garantia, contrata a transferência ao credor, ou fiduciário, da propriedade resolúvel de coisa imóvel.*

Apegamo-nos destarte à expressão: **contrata a transferência da propriedade resolúvel de coisa imóvel.** Contratar a transferência é assumir o compromisso de transferir. Essa transferência se realizará apenas anos depois, quando for paga a última prestação da compra do imóvel: nesta ocasião deverá haver o pagamento dos impostos, mormente o de transmissão *inter vivos*. A transferência da propriedade resolúvel não é momentânea, mas futura e incerta e somente ocorrerá se o fiduciante não adimplir suas obrigações; se o fiduciante cumprir o pagamento, não haverá transferência para o fiduciário. E diz ainda: **com o escopo de garantia.**

Entretanto, a Lei 4.728/65 e o Decreto-lei 911/69, numa disposição, embora **revogada**, dava um conceito diferente: *A alienação fiduciária em garantia transfere ao credor o domínio resolúvel da coisa móvel alienada.* Diz **transfere** e não **contrata transferir**. Contudo, essa disposição legal não mais prevalece.

3.4. As disposições do Código Civil

São muito modestas as disposições do Código Civil a respeito da propriedade resolúvel, resumindo-se nos artigos 1.359 e 1.360. Estabelece o artigo 1.359:

> *Resolvida a propriedade pelo implemento da condição ou pelo advento do termo, entendem também resolvidos os direitos reais concedidos na sua pendência, e o proprietário, em cujo favor se opera a resolução, pode reivindicar a coisa do poder de quem a possua ou detenha.*

Essa resolução (do latim *resolutio*, de *resolvere*) tem o sentido de extinção, rescisão, rompimento, satisfação, pagamento, como na expressão *"resolver uma dívida"*. Resolver um contrato é extingui-lo, dissolvê-lo. Implica sempre na anulação, **rompimento, fim do vínculo obrigacional**. Quando este diz *"resolvida a propriedade"*, quer dizer que ela cessou, não mais existe.

O artigo 1.359 reconhece assim o direito do fiduciante, para recuperar a propriedade plena, todos os direitos inerentes à propriedade resolúvel que acaba de ser resolvida. Por exemplo: se for um bem imóvel ele resgata a escritura e cancela a restrição perante o registro de imóveis. Se for um automóvel ele pede novo documento do DETRAN sem a expressão "alienação fiduciária".

Tendo sido implementada a condição resolutiva ou atingido o termo, resolvem-se os direitos do adquirente-fiduciário, os direitos reais condicionados aos dois eventos, e que devem constar fatalmente no contrato constitutivo da propriedade resolúvel. E a propriedade deve voltar isenta de encargos, pois os efeitos da resolução são *ex tunc* (desde então), ou seja, desde que a propriedade resolúvel foi estabelecida. É como se ela não tivesse existido. Vejamos agora o que diz o artigo 1.360:

> *Se a propriedade se resolver por outra causa superveniente, o possuidor, que a tiver adquirido por título anterior à sua resolução, será considerado proprietário perfeito, restando à pessoa, em cujo benefício houve a resolução, ação contra aquele cuja propriedade se resolveu para haver a própria coisa ou o seu valor.*

Esse artigo cuida da resolução da propriedade resolúvel por outros motivos que não sejam os dois referidos no artigo 1359, a saber:

– implemento da condição resolutiva;

– vencimento do tempo estabelecido.

Há ainda uma diferença básica: a causa da revogação é posterior à transmissão, por fato superveniente ao título de sua aquisição. Os efeitos também são diferentes, porquanto se a coisa tiver sido alienada, o terceiro adquirente de boa-fé é considerado *proprietário perfeito*. Vamos relatar um exemplo:

Ulpiano deu, em doação, um imóvel ao seu sobrinho Gaio, mas com a possibilidade de reversão. Esse imóvel é uma propriedade resolúvel. Entretanto, Gaio vendeu esse imóvel a Modestino e se revelou ingrato a Ulpiano, que revogou essa doação. Gaio terá que devolver o imóvel a Ulpiano ou o valor dele. Porém, Modestino adquiriu esse imóvel de boa-fé e não pode ser prejudicado, sendo por isso considerado *proprietário perfeito*. A pendência será discutida então entre Ulpiano e Gaio.

Lembre-se que a causa da resolução dessa propriedade resolúvel é superveniente, vale dizer, posterior à aquisição do imóvel. A revogação da doação é prevista pelo Código Civil numa seção chamada *"Da Revogação da Doação"* e seu artigo 557 aponta as causas possíveis da revogação primordiais para a resolução da propriedade resolúvel:

– implemento da condição resolutiva (artigo 1.359 do CC);

– advento do termo preestabelecido (artigo 1.359 do Código Civil);

– ocorrência de fato jurídico superveniente (artigo 1.360 do Código Civil).

3.5. Os antecedentes

A propriedade resolúvel, ao ser adotada na AFG, não era novidade, pois havia vários antecedentes na sua aplicação. O que mudou foi o aproveitamento de um instituto já sedimentado no direito brasileiro, com raízes no direito romano, a uma nova modalidade de garantia real. Podemos lembrar alguns exemplos:

3.5.1. Retrovenda

A retrovenda é a venda de um bem com cláusula resolutória, o que a torna propriedade resolúvel. Está descrita no Código Civil, nos artigos 505 a 508. A definição desse tipo de venda está exposta no artigo 505:

> *O vendedor de coisa imóvel pode reservar-se o direito de recobrá-la no prazo máximo de decadência de três anos, restituindo o preço recebido e reembolsando as despesas do comprador, inclusive as que, durante o período de resgate, se efetuaram com a sua autorização escrita, ou para a realização de benfeitorias necessárias.*

Por este artigo se vê que é possível a venda de imóvel, com cláusula resolutiva, isto é, o contrato de compra e venda tem uma cláusula dizendo que o vendedor poderá revogar essa venda, devendo o comprador do imóvel entregá-lo de volta, mas receberá o dinheiro que pagou pela compra e também será ressarcido pelas despesas que tiver tido. Trata-se, portanto, de propriedade resolúvel, uma vez que no título constitutivo da venda do imóvel já constava uma cláusula resolutória e que poderia rescindir essa propriedade.

3.5.2. Fideicomisso

O fideicomisso é instituto próprio do Direito das Sucessões, exposto nos artigos 1.951 a 1.960 do Código Civil. Pelo fideicomisso, o proprietário de um bem ou de bens poderá deixar em testamento esses bens a um herdeiro, mas este deverá transferi-los a outrem num determinado tempo. Essa obrigação origina-se de cláusula existente no próprio testamento. Há nessa operação dois herdeiros: o primeiro, a quem o testador doa os bens, é chamado de fiduciário; o segundo, a quem o fiduciário transferirá os bens, denomina-se fideicomissário.

Se o fiduciário terá a propriedade dos bens só por determinado tempo, devendo abrir mão dela, é um proprietário temporário – tem uma propriedade resolúvel. Aliás, o artigo 1953 confessa:

> *O fiduciário tem a propriedade da herança ou legado, mas restrita e resolúvel.*

3.5.3. Pacto de melhor comprador

Nesse tipo de venda fica estipulado que a venda de um imóvel será desfeita se dentro de certo prazo apresentar-se outro comprador que ofereça preço maior. Há essa cláusula resolutiva e se assim acontece a propriedade é resolúvel.

3.5.4. Venda com reserva de domínio

Foi a antecessora da AFG que tem com esta muita semelhança.

Era muito utilizada antes que surgisse a AFG, quando caiu em desuso. Apesar disso, pode ainda se aplicada, tanto que se conservou no Código Civil, nos artigos 521 a 528.

É uma venda em que o vendedor transfere o bem vendido ao comprador, que fica só com o direito de posse, mas não o de domínio; este fica reservado ao vendedor. Destarte, o comprador fica com os direitos de posse e o vendedor com os de propriedade (domínio e propriedade são sinônimos perfeitos). A transferência plena do bem opera-se apenas quando for pago integralmente o preço. Até que o preço seja pago, o bem é uma propriedade resolúvel.

3.5.5. Venda a contento

A venda é realizada com a condição de que o comprador se manifeste contente com a coisa que ele comprou. Se ele não estiver contente com a compra realizada, ela se desfaz. O vendedor transferiu para o comprador a propriedade e a posse da coisa, mas com essa condição resolutiva. Também caiu em desuso, mas continua regulada nos artigos 509 a 512 do Código Civil. O artigo 509 traz conceito bem claro dessa operação:

> *A venda feita a contento do comprador entende-se realizada sob condição suspensiva, ainda que a coisa lhe tenha sido entregue; e não se reputará perfeita, enquanto o adquirente não manifestar seu agrado.*

3.6. Diferenças com a propriedade fiduciária

Esclareçamos, desde já, que há diferença entre a propriedade resolúvel e a propriedade fiduciária; esta é sempre resolúvel, mas a recíproca não é verdadeira. A propriedade resolúvel é utilizada em várias situações, incluindo na propriedade fiduciária.

Nem sempre a propriedade resolúvel é transferida com escopo de garantia; a propriedade fiduciária sim. Na propriedade resolúvel, seu titular tem todas as faculdades jurídicas da propriedade plena; há, entretanto, a exceção de que ele é proprietário temporário, pois, num determinado dia, a propriedade se resolve e ele deixa de ser proprietário. O que causa a resolução da propriedade resolúvel é o cumprimento de uma obrigação.

Na propriedade resolúvel não há o desdobramento da posse. O proprietário tem a posse e a propriedade do bem. Na propriedade fiduciária, e vamos depois examiná-la, a propriedade sofre esta distinção, mas tem várias outras a mais.

4. DA CESSÃO DO CRÉDITO

4.1. A transferência do crédito
4.2. O instrumento de cessão
4.3. Cessão do débito

4.1. A transferência do crédito

A cessão do crédito objeto da alienação fiduciária em garantia implicará a transferência, ao cessionário, de todos os direitos e obrigações inerentes à propriedade fiduciária em garantia. Como se vê, as partes do contrato de alienação fiduciária em garantia não são estáticas; são dinâmicas, o que dá maior mobilidade ao crédito. Podendo ser usado em benefício de diversas pessoas, o crédito se reproduz e adquire maior dinamismo.

Essa transferência do crédito é aceita pelo artigo 28 da Lei 9.514/97:

> *A cessão do crédito objeto da alienação fiduciária implicará a transferência, ao cessionário, de todos os direitos e obrigações inerentes à propriedade fiduciária em garantia.*

Essa disposição seria até escusada, pois, é a da essência da cessão de crédito, que, quem faz a cessão faz seguir com ela todos os efeitos e seus acessórios, conforme o princípio ***accessorium sequuntur suum principalem.*** Nosso Código Civil regula a cessão de crédito, nos artigos 286 a 298 e diz no artigo 287:

> *Salvo disposição em contrário, na cessão de um crédito abrangem-se todos os seus acessórios.*

Não há restrições à cessão do crédito decorrente da AFG, embora o Decreto-lei 911/69 nada fale a este respeito, mas também não o proíbe, razão pela qual a disposição do artigo 28 da Lei 9.514/97 aplica-se também ao crédito referente a coisas móveis. No sentido geral, a cessão de crédito é prevista pelo Código Civil, que, inclusive, a regulamenta. É o que diz o artigo 286:

> *O credor pode ceder o seu crédito, se a isso não se opuser a natureza da obrigação, a lei ou a convenção com o devedor; a cláusula proibitiva da cessão não poderá ser oposta ao cessionário de boa-fé se não constar do instrumento da obrigação.*

4.2. O instrumento de cessão

A cessão de crédito é uma espécie de contrato acessório e passa a fazer parte do contrato da alienação fiduciária em garantia, da mesma forma como este último faz parte do contrato de financiamento feito pelo fiduciário. É celebrado por instrumento público ou privado, que deve ser averbado no órgão competente de registro para valer *erga omnes*. Por exemplo, se a cessão de crédito for de crédito decorrente de alienação fiduciária de automóvel, o instrumento deve ser averbado no registro do DETRAN. Se o crédito for decorrente do financiamento de imóveis, o instrumento deve ser averbado no Registro de Imóveis.

Obrigatoriamente, o contrato de cessão de crédito deve estar revestido das formalidades legais previstas para todo contrato e das formas especiais dispostas no Capítulo I do Livro II do Código Civil.

A cessão do crédito pode ser feita independente do consentimento do fiduciante; ele não precisa participar do instrumento de cessão. Todavia, essa participação é de toda conveniência para todos, ou, pelo menos, que o devedor seja notificado e expresse formalmente sua concordância, ou ele não poderá ser responsabilizado pelo incorreto cumprimento de suas obrigações. É o que prevê o artigo 290 do Código Civil:

> *A cessão de crédito não tem eficácia em relação ao devedor, senão quando a este notificada, mas por modificado se tem o devedor que, em escrito público e particular, se declarou ciente da cessão feita.*

Vamos examinar uma hipótese: Modestino, o fiduciante, aliena um bem a Ulpiano para garantir um débito. Porém, Ulpiano, o fiduciário, sem o conhecimento de Modestino cedeu seu crédito a Papiniano. Ulpiano é chamado de cedente e Papiniano de cessionário. Ao chegar o vencimento, Modestino pagou seu débito a Ulpiano, por desconhecer a transferência e este recebeu o pagamento. Papiniano foi cobrar de Modestino e este apresentou recibo de pagamento. Está criado um sério dilema, com Modestino estribado na lei; esse estribo lhe é dado pelo artigo 292 do Código Civil:

> *Fica desobrigado o devedor que, antes de ter conhecimento da cessão, paga ao credor primitivo, ou que, no caso de mais de uma*

cessão notificada, paga ao cessionário que lhe apresenta, com o título de cessão, o da obrigação cedida; quando o crédito constar de escritura pública, prevalecerá a prioridade da notificação.

Seguindo o princípio de que *accessorium sequuntur suum principalem* = o acessório segue o seu principal, se o credor-fiduciário transfere seu crédito a outrem, transfere também os direitos e obrigações referentes à propriedade fiduciária. O contrato de alienação fiduciária de garantia é um contrato acessório, dependente de contrato principal, geralmente o de mútuo ou o de compra e venda. Nota-se essa conjugação dos dois contratos pelo fato de ambos poderem ser celebrados numa só ocasião, ou em épocas diferentes. Por exemplo: é firmado um contrato de compra e venda de um automóvel; um mês depois é firmado o contrato de alienação fiduciária em garantia, referente a esse automóvel. Sendo um contrato acessório, o contrato de alienação fiduciária em garantia segue o destino do seu principal: se o principal for transferido, o acessório também será; se o principal for anulado, o acessório também será.

4.3. Cessão do débito

Igualmente acontecerá a faculdade ao devedor-fiduciante. Este poderá ceder seus direitos sobre o imóvel objeto da alienação fiduciária em garantia, desde que obtenha autorização expressa do credor-fiduciário. O adquirente desses direitos assumirá também as obrigações. Essa faculdade é também facultada pelo Código Civil num capítulo denominado **Da Assunção de Dívida**, nos artigos 299 a 303:

> *É facultado a terceiro assumir a obrigação do devedor, com o consentimento expresso do credor, ficando exonerado o devedor primitivo, salvo se aquele, ao tempo da assunção, era insolvente e o credor o ignorava.*
>
> *Parágrafo único. Qualquer das partes pode assinar prazo ao credor para que consinta na assunção da dívida, interpretando-se o seu silêncio como recusa.*

Há, porém, algumas diferenças: deve constar do contrato da cessão, chamado de **assunção de dívida**, que o cessionário da dívida está de acordo em assumir as obrigações e receber juntamente a AFG. Vamos citar um exemplo:

Paulo adquiriu um automóvel de GAIA S.A., com financiamento dado pela CREDIFIDO S.A., com alienação fiduciária em garantia. Paulo, portanto, é o devedor e vai transferir seu débito a Sabino, que assumirá o débito de Paulo para com a CREDIFIDO S.A. Há um automóvel em nome de Paulo, constituindo a garantia, ou seja, a propriedade fiduciária. CREDIFIDO S.A. pode não estar de acordo com a cessão, pois ela emprestou dinheiro a Paulo e não a Sabino; por isso ela terá que manifestar expressa anuência à cessão e se ver desprovida da garantia, pois o carro está em nome de Paulo e não do novo devedor. Pode parecer estranho esse desfalque da garantia, mas ele é possibilitado pelo artigo 300 do Código Civil:

> *Salvo assentimento expresso do devedor primitivo, consideram-se extintas, a partir da assunção da dívida, as garantias especiais por ele originalmente dadas ao credor.*

Nesses termos, não é fácil e comum a cessão de débito. Entretanto, há a expressão **salvo assentimento expresso do devedor primitivo**, o que abre a possibilidade de acerto. É possível então que Paulo abra mão da extinção das obrigações, permanecendo ele com iguais responsabilidades de Sabino, ou transferindo a posse e propriedade do automóvel alienado para Sabino, ficando conservada a AFG. Poderá haver então dois responsáveis pela dívida: Sabino e Paulo.

Se Sabino desfrutar da confiança da CREDIFIDO S.A., esta poderá concordar com a cessão e manter-se segura, por estar lidando com pessoa que o credor considera idônea.

É possível que a substituição do devedor seja posteriormente anulada; neste caso restaura-se o débito, com todas suas garantias, salvo as garantias prestadas por terceiros, exceto se eles conheciam o vício que inquinava as obrigações.

5. NATUREZA JURÍDICA DA AFG

5.1. Natureza obrigacional
5.2. Natureza real
5.3. Objetivo de natureza real
5.4. Natureza jurídica empresarial

5.1. Natureza obrigacional

Definir a natureza jurídica de um instituto consiste em situá-lo num determinado regime jurídico, ou num determinado ramo do direito, ou numa categoria dogmática. Vamos então enquadrar a AFG em quadro definido de direito, partindo principalmente da interpretação dos textos legais. A primeira conclusão a que chegamos é que a AFG é um contrato, no sentido que lhe dá o artigo 22 da Lei 9.514/97, que, para maior facilidade, transcreveremos:

> *A alienação fiduciária regulada por esta Lei é o negócio jurídico pelo qual o devedor, ou fiduciante, com o escopo de garantia, contrata a transferência ao credor, ou fiduciário, da propriedade resolúvel de coisa imóvel.*

Nenhuma lei fala que a AFG é um contrato, mas vimos nesse artigo que uma parte contrata com a outra: concluímos então ser um contrato. Define o nosso instituto como negócio jurídico, o que ficou bem caracterizado. Em seguida, o artigo 22 fala de duas partes desse *negócio jurídico*, o que vem completar o exato conceito do termo: a AFG é um *negócio jurídico bilateral*, para ficar bem claro, uma vez que negócio jurídico é sempre bilateral, no que se diferencia do ato jurídico, que é unilateral.

No tocante à coisa móvel, não se diferencia o conceito e os princípios que levam a interpretar a alienação fiduciária em garantia como tema do Direito das Obrigações. É o que revela o artigo 1º do Decreto-lei 911/65, que regula a alienação fiduciária de coisas móveis:

> *A alienação fiduciária em garantia transfere ao credor o domínio resolúvel e a posse indireta da coisa móvel alienada, independentemente da tradição efetiva do bem, tornando-se o alienante ou devedor em possuidor direto e depositário com todas as responsabilidades e encargos que lhe incumbem de acordo com a lei civil e penal.*

Concluímos então que, **no que tange à sua constituição**, a alienação fiduciária em garantia pertence ao campo do Direito das Obrigações.

5.2. Natureza real

Determinar a natureza jurídica da alienação fiduciária em garantia dependerá do ângulo pelo qual iremos examiná-la. Sob o ângulo de sua constituição, é clara sua conotação obrigacional, mas devemos examiná-la sob outro prisma – quanto ao seu objeto. Qual é o objeto do contrato de alienação fiduciária em garantia? Quais os efeitos que ele produz? Para que ele é celebrado? Nesses aspectos também concordam as duas leis:

– Artigo 22 do Decreto-lei 911/65: transfere ao credor o domínio resolúvel e a posse indireta da coisa móvel alienada;

– Artigo 22 da Lei 9.514/97: contrata a transferência ao credor, ou fiduciário, da propriedade resolúvel de coisa imóvel.

Vê-se então que o contrato de alienação fiduciária em garantia é contrato translativo de propriedade, e, se o objeto do contrato é propriedade e posse, cairemos na área do Direito das Coisas. É, portanto, um contrato real, pois seu objeto é constituir um direito real de garantia.

Ao dissecar o artigo 22, deparamo-nos com dois termos importantes para a análise da AFG: **com escopo de garantia** e **propriedade resolúvel**. A AFG, como o próprio *nomen juris* indica, é uma garantia e uma garantia real, vale dizer, representada por uma coisa móvel ou imóvel. Por seu turno, as garantias estão previstas em nosso Código Civil, no Livro de **Direito das Coisas**. Devemos então situar a AFG no campo do Direito das Coisas.

Esse critério é reforçado pelo termo **propriedade**, e, mais adiante, a Lei fala em **posse**. Aliás, toda a legislação pertinente à AFG fala constantemente em posse e propriedade (ou domínio). Se formos consultar nosso Código Civil, deparamo-nos com o **Livro de Direito das Coisas**, em que estão situados os institutos da posse e da propriedade. Não deverá padecer dúvidas, portanto, de que a AFG está contida no Direito das Coisas.

É ainda no Direito das Coisas que está prevista a propriedade fiduciária, nos artigos 1.361 a 1.368-A, cuja regulamentação aplica-se cabalmente à AFG. Para evidenciar essa aplicação, bastaria ver o próprio conceito de propriedade fiduciária exposto no artigo 1.361, com palavras várias vezes reproduzidas nas normas regulamentadoras da AFG:

Considera-se fiduciária a propriedade resolúvel de coisa móvel infungível que o devedor, com escopo de garantia, transfere ao credor.

5.3. Objetivo de natureza real

Será sugestivo apontar aqui a matéria encontrada no Livro de Direito das Coisas, do Código Civil, constantemente evocada nos estudos da AFG:

LIVRO III

DO DIREITO DAS COISAS

Título I – Da posse – artigos 1.196 a 1.224

Título II – Dos direitos reais – artigos 1.225 a 1.227

Título III – Da propriedade em geral– artigos 1.228 a 1.368

Título IV – Da propriedade fiduciária – artigos 1.361 a 1.368-A

Título X – Do penhor, da hipoteca e da anticrese – artigos 1.419 a 1.510

A AFG visa a transferir o direito de propriedade, limitado pela finalidade (escopo) de garantia. Ela não visa propriamente a transferir uma propriedade, mas apenas a constituí-la como garantia real. Aproxima-se ao penhor, para coisas móveis, e à hipoteca, para coisas imóveis. Os contratos de constituição de garantia estão previstos em nossa lei como: penhor, hipoteca, anticrese e alienação fiduciária em garantia. Há entre eles algumas diferenças, mas há também muitos pontos básicos de semelhança.

Sob o critério do seu objeto, os contratos são classificados como contratos de Direito das Obrigações e contratos de Direito das Coisas. O contrato de Direito das Obrigações é o contrato que visa a criar, modificar, transferir, resguardar e extinguir direitos. Tomemos como exemplo o contrato de compra e venda – por esse contrato o vendedor assume a obrigação de transferir um bem ao comprador e este assume a obrigação de pagar o preço. Na compra e venda de imóvel, o vendedor transfere esse imóvel ao comprador e este paga o preço dele.

Outro tipo de contrato de Direito das Coisas não cria, modifica, transfere ou extingue direitos e obrigações – visa a constituir um direito real e não transfere a propriedade do imóvel, sendo bem diferente do contrato de compra e venda. Os contratos de penhor, hipoteca, anticrese e alienação fiduciária em garantia produzem efeitos reais e não pessoais. Especificamente, a AFG visa à transferência temporária e resolúvel do direito de propriedade, limitada pelo objetivo de garantia. Fica assim estabelecido que a AFG pertence ao Direito das Coisas e não ao Direito das Obrigações.

5.4. Natureza jurídica empresarial

Esta outra natureza jurídica decorre de uma característica do contrato de alienação fiduciária em garantia. Na divisão dos contratos em civis e empresariais, o de alienação fiduciária figura neste último. A alienação fiduciária foi criada com ânimo empresarial em que seu objeto e seu objetivo são de natureza empresarial. Seu objetivo é estimular o crédito, criar fórmulas de financiamento de produtos industriais ou de bens diversos, visando à circulação de riquezas, com lucro e vantagens para todos – é, por isso, contrato oneroso. Pode facilitar operações econômicas civis, mas sua aplicação em série é na área empresarial, conforme consta da letra e do espírito da legislação fiduciária. O fato de ser permitida sua aplicação em operações civis não lhe tira o caráter empresarial.

Quando se trata de bens móveis, o fiduciário é sempre uma sociedade anônima, uma empresa de natureza mercantil e bancária, por conseguinte de natureza empresarial. Muitas vezes, o fiduciante é também uma empresa mercantil, sendo, assim, uma operação econômica entre empresas mercantis.

Na alienação fiduciária para imóveis, a lei diz que ela pode ser contratada por pessoa física ou jurídica, não sendo privativa das entidades que operam no Sistema Financeiro Imobiliário. Ainda que seja celebrada entre duas pessoas civis, não perde sua natureza empresarial; a produção e construção de imóveis são de natureza empresarial, como também o financiamento dos imóveis (com cobrança de juros).

6. DIREITOS E OBRIGAÇÕES DO FIDUCIANTE

6.1. Direitos do fiduciante

    6.1.1. Direitos de propriedade

    6.1.2. Uso da coisa alienada

    6.1.3. Isenção de prejuízos

    6.1.4. Manutenção da posse

    6.1.5. Direito de defesa

6.2. Obrigações do fiduciante

    6.2.1. Pagamento da dívida

    6.2.2. Responsabilidade perante terceiros

    6.2.3. Obrigações de depositário

    6.2.4. Entrega da coisa alienada

6.1. Direitos do fiduciante

Vários direitos e obrigações decorrem do contrato de alienação fiduciária em garantia para o fiduciante em relação ao fiduciário. Em decorrência, surgem direitos e obrigações do fiduciário ante o fiduciante, e se torna necessário o exame deles, por ser aspecto primordial do contrato.

6.1.1. Direitos de propriedade

O primeiro direito do fiduciante, previsto na lei e no contrato, é o de obter a propriedade plena do bem objeto da alienação fiduciária em garantia, assim que ele adimplir suas obrigações. O objetivo primacial de todas essas operações é a aquisição de um bem – da posse e propriedade desse bem. A alienação fiduciária em garantia visa a facilitar a compra de um bem, assegurando seu aperfeiçoamento definitivo. Por isso, a lei impõe ao fiduciário atender a esse direito do fiduciante e entregar-lhe o termo de quitação da dívida.

Esse direito terá como efeito o retorno da propriedade da coisa que fora transferida do fiduciante para o fiduciário, temporariamente, só para garantia do débito do fiduciante. Integra esse direito a faculdade de apelar para certas ações, a fim de exercê-lo, reivindicando a coisa alienada. Várias ações judiciais são facultadas ao fiduciante, como a ação de consignação em pagamento, se o fiduciário criar dificuldades para receber o que lhe é devido. Poderá também usar das ações possessórias, desde que atenda aos pressupostos de cada uma delas.

6.1.2. Uso da coisa alienada

Em segundo lugar, cabe ao fiduciante o direito de exercer o livre uso do bem e fruir os benefícios dele, seja ele proprietário ou não. É o seu direito de posse direta da coisa, ainda que dependente de condição resolutiva. Por isso Ulpiano vendeu o carro à Financeira (fiduciário), mas ficou com o bem para usá-lo e fruí-lo.

Só não pode dispor do bem, porquanto está no espírito e na letra da lei que Ulpiano obteve o veículo para seu uso. Por isso, o fiduciante poderá exercer a posse direta do bem, como se seu fosse, usando-o, gozando-o e fruindo-o.

6.1.3. Isenção de prejuízos

Outro direito do fiduciante é o de não ter prejuízos. Se houver o inadimplemento de suas obrigações, os pagamentos feitos devem prevalecer. Ele poderá perder o carro, que será vendido em leilão, mas se houver *superavit* na venda, o saldo será direito seu e lhe será entregue. Tem ele o direito de ser intimado de todas as medidas tomadas contra ele.

6.1.4. Manutenção da posse

É assegurado ao fiduciante o direito de defender a posse do bem e o livre uso dele, facultando-lhe as ações possessórias, previstas no Código de Processo Civil, no artigo 926. Verdade é que não só lhe é dado esse direito, porém, por outro lado, constitui obrigação. Assim diz o artigo 926:

> *O possuidor tem direito a ser mantido na posse em caso de turbação e reintegração no de esbulho.*

6.1.5. Direito de defesa

O fiduciante poderá ser processado, em caso de inadimplemento, mas poderá defender-se – contestar as ações e apresentar reconvenção. Em caso de desfecho desfavorável dessas ações, como o de busca e apreensão, depósito ou execução, tem direito à apelação à Justiça superior, ainda que obtenha efeito meramente devolutivo.

6.2. Obrigações do fiduciante

Em contrapartida, o fiduciante assume várias obrigações em favor do fiduciário, que veremos em seguida.

6.2.1. Pagamento da dívida

Naturalmente, a prioritária obrigação do fiduciante é a de pagar a dívida referente ao financiamento para a aquisição do bem objeto da alienação fiduciária e seus acessórios. Ele é o devedor nessa relação jurídica; há um contrato de mútuo em que ele se comprometeu a pagar num determinado tempo e em determinado lugar. Além do principal, responsabiliza-se pelos acessórios, como, por exemplo, impostos e taxas, juros, correção monetária.

Faz também parte da dívida o saldo remanescente, que for observado, caso a venda em leilão da coisa alienada tenha sido por valor inferior ao da dívida, tendo sobrado um resíduo.

6.2.2. Responsabilidade perante terceiros

Responde civilmente perante terceiros. Se, por exemplo, ele tem o automóvel em suas mãos, ele será responsável por multas de trânsito, pela manutenção e reparações no veículo, ou perante possíveis garantes de seu débito.

6.2.3. Obrigações de depositário

Ele assume também as obrigações de depositário do bem alienado. Como seu direito de propriedade é precário, por ser propriedade resolúvel, ele fica com o bem em suas mãos, com autorização de uso, mas assumindo os riscos; assume as vestes de depositário. Deve observar em relação a esse bem os cuidados devidos, como se fosse dono pleno, e o bem como se fosse seu.

Na condição de depositário cabe-lhe manter a coisa alienada em bom estado de conservação e defender a posse perante terceiros. Deve preservar a coisa dada em garantia como se sua fosse. Deve permitir a fiscalização da coisa pelo fiduciário, em caso de suspeita sobre a manutenção dela.

Compromete-se a não alienar outra vez a coisa que ele próprio alienara ao fiduciário: não vendê-la, sob pena de ser considerado depositário infiel; não dá-la em garantia a terceiros, devido à posse direta que ele possui da coisa.

6.2.4. Entrega da coisa alienada

Se sofrer ação de busca e apreensão, em vista do inadimplemento de suas obrigações, deverá entregar a coisa ao fiduciário nos termos da sentença judicial. O fiduciante detinha a posse provisória e revogável, mas, em vista do inadimplemento da dívida garantida pela alienação fiduciária, perdeu o direito de posse, e se retiver a coisa em seu poder estará agindo ilegalmente, por reter uma coisa que não lhe pertence e sobre a qual não mais tem direitos.

7. DIREITOS E OBRIGAÇÕES DO FIDUCIÁRIO

7.1. Direitos do fiduciário
    7.1.1. Recebimento do crédito
    7.1.2. Restituição na falência do fiduciante
    7.1.3. Direito de posse indireta
    7.1.4. Consolidação do bem
    7.1.5. Autopagamento de seu crédito
    7.1.6. Capacidade processual
    7.1.7. Cessão do crédito
    7.1.8. Vencimento antecipado
7.2. Obrigações do fiduciário
    7.2.1. Dar a quitação final
    7.2.2. Respeito à posse do fiduciante
    7.2.3. Receber o pagamento pelo fiduciante
    7.2.4. Constituição legal
    7.2.5. Devolução do excesso
    7.2.6. Registro do contrato
    7.2.7. Intimação do fiduciante

7.1. Direitos do fiduciário

7.1.1. Recebimento do crédito

Naturalmente, seu importante direito é o de receber o valor do seu crédito, da mesma forma como cabe ao fiduciante o dever de pagá-lo. E poderá exigir o pagamento por diversas maneiras legais. O crédito deverá compreender o principal e outras despesas, como juros e comissões, além das taxas, cláusulas, pena e correção monetária, quando expressamente convencionados pelas partes. A lei reconhece esse direito do fiduciário e lhe dá as armas com que possa lutar por ele.

Esse direito se estende também ao resíduo, ou seja, ao saldo devedor, que resultar da venda do bem para pagamento da dívida. Se o fiduciante incorrer em inadimplemento ou mora nas suas obrigações, o fiduciário vende o bem para ressarcir-se. Pode, porém, ocorrer que o valor da venda seja inferior ao montante da dívida, sobrando um saldo dela; neste caso, a dívida continua e o fiduciário poderá executar o que estiver faltando.

7.1.2. Restituição na falência do fiduciante

Se o fiduciante for uma empresa mercantil e tiver sua falência decretada, o fiduciário não precisará habilitar seu crédito no processo falimentar. Poderá requerer ao Juízo da falência a restituição da coisa alienada, que tiver sido arrecadada para formar a massa falida. O fiduciário é o legítimo proprietário da coisa e, por isso, tem o direito de exigir a entrega da coisa que lhe pertence. Está previsto no artigo 7º:

> *Na falência do devedor alienante, fica assegurado ao credor ou proprietário fiduciário de pedir, na forma prevista em lei, a restituição do bem alienado fiduciariamente.*

7.1.3. Direito de posse indireta

Na alienação o fiduciante transfere ao fiduciário os direitos de propriedade, mas não de posse, já que o bem alienado fica na posse do fiduciante. Há, entretanto, o desdobramento da posse, ficando o fiduciário com a posse indireta. Essa posse, porém, é importante no caso de inadimplemento do fiduciante; o fiduciário pede a transformação da posse indireta para posse direta.

Falamos aqui no desdobramento da posse, mas não de propriedade. Os direitos de propriedade são totalmente do fiduciário, que passa a ser o legítimo proprietário do bem alienado, ainda que seja propriedade resolúvel, restrita, provisória e limitada.

7.1.4. Consolidação do bem

É um direito de o fiduciário considerar-se proprietário pleno da coisa, cessando a propriedade resolúvel, embora reste ao fiduciante o direito de purgar a mora no prazo de cinco dias. O nome dá uma ideia do que seja esse direito: o bem se consolida no patrimônio do fiduciário. Esse direito somente surge se houver o inadimplemento das obrigações do fiduciante. O fiduciário poderá requerer à Justiça a concessão liminar da consolidação, bastando que seja comprovada a mora do fiduciante.

A Lei 9.514/97 que criou e regulou a AFG de bens imóveis esclarece esse direito do fiduciário no artigo 26:

> Vencida e não paga, no todo ou em parte, a dívida e constituindo em mora o fiduciante, consolidar-se-á, nos termos deste artigo, a propriedade do imóvel em nome do fiduciário.

7.1.5. Autopagamento de seu crédito

Uma vez consolidado o bem em seu nome, o fiduciário poderá vender o bem, arrecadando seu valor e apropriando-se dele, para usá-lo no pagamento do débito do fiduciante para com ele. É bom frisar que o inadimplemento do fiduciante dará ao fiduciário o direito de vender o bem alienado para pagar-se. É o que assegura o parágrafo 3° do artigo 1°:

> No caso de inadimplemento da obrigação garantida, o proprietário fiduciário pode vender a coisa a terceiros e aplicar o preço da venda no pagamento do seu crédito e das despesas decorrentes da cobrança, entregando ao devedor o saldo porventura apurado, se houver.

7.1.6. Capacidade processual

A lei concede ao fiduciário o direito de cobrar judicialmente seu crédito, caso não seja pago no vencimento e nas condições preestabelecidas. Para tanto, tem ele ao seu dispor três tipos de ações, à sua escolha: **busca e apreensão, depósito e execução**. Pode também intentar as ações possessórias para reivindicar o que lhe pertence.

7.1.7. Cessão do crédito

O fiduciário pode ceder seus direitos creditórios, transferindo-os a outra pessoa. É uma faculdade concedida a ele, caso necessite de dinheiro ou, por outro motivo, não queira mais manter-se credor, sem necessidade da anuência do devedor. Ele se retira então da relação contratual.

Esta faculdade também é concedida ao fiduciante, mas somente com a anuência expressa do fiduciário. Esse direito é reconhecido às duas partes e estão expressos de forma clara nos artigos 28 e 29 da Lei 9.514/97:

> *Art. 28:*
>
> *A cessão do crédito objeto da alienação fiduciária implicará a transferência, ao cessionário, de todos os direitos e obrigações inerentes à propriedade fiduciária em garantia.*
>
> *Art. 29:*
>
> *O fiduciante, com anuência expressa do fiduciário, poderá transmitir os direitos de que seja titular sobre o imóvel objeto da alienação fiduciária em garantia, assumindo o adquirente as respectivas obrigações.*

7.1.8. Vencimento antecipado

O inadimplemento de uma prestação faculta ao fiduciário considerar vencidas todas as obrigações contratuais vincendas. É a aplicação da *acceleration clause* do direito norte-americano. Assim autoriza o parágrafo 3º do artigo 2º, embora alguns juristas considerem draconiana essa cláusula, ainda mais que é aplicada de maneira indiscriminada:

A mora e o inadimplemento de obrigações contratuais garantidas por alienação fiduciária, ou a ocorrência legal ou convencional de alguns dos casos de antecipação de vencimento da dívida facultarão ao credor considerar, de pleno direito, vencidas todas as obrigações contratuais, independentemente de aviso ou notificação judicial ou extrajudicial.

7.2. Obrigações do fiduciário

Cabe também ao fiduciário, malgrado seja o credor, várias obrigações, decorrentes da lei e do contrato. O contrato de alienação fiduciária em garantia é um contrato de prestações recíprocas, ou seja, bilateral, gerando obrigações e direitos para ambas as partes. Na posição de credor, o fiduciário tem maior gama de direitos do que o fiduciante, mas também este também tem direitos a que o fiduciário deve atender.

7.2.1. Dar a quitação final

Ao receber a prestação final, o fiduciário está na obrigação de dar ao fiduciante a quitação final da dívida, liberando a garantia. Deve dar ao fiduciante o documento válido para que este providencie o cancelamento da garantia nos órgãos competentes, como por exemplo, no DETRAN se o bem for veículo automotor ou no Cartório de Registro de Imóveis se for bem imóvel.

7.2.2. Respeito à posse do fiduciante

Enquanto o fiduciante for adimplente, o fiduciário deverá respeitar o direito de posse direta deste, não perturbando, nem tentando esbulhar o fiduciante, a não ser que tenha amparo legal e avisando o fiduciante das medidas que pretender tomar. Conforme vimos, para o exercício de seus direitos, o fiduciário deve comprovar a mora ou inadimplemento por carta registrada por intermédio do Cartório de Títulos e Documentos.

7.2.3. Receber o pagamento pelo fiduciante

Pode parecer estranho esse direito, pois o maior interesse do credor é o de receber o seu crédito. Todavia, não é incomum o credor resistir ao pagamento, como acontece no inquilinato, para colocar o devedor em mora. Está na obrigação do fiduciário facilitar o pagamento, atendendo com prontidão o fiduciante.

7.2.4. Constituição legal

A posição de fiduciário é concedida somente a uma empresa revestida da forma societária da sociedade anônima e tenha autorização do Banco Central do Brasil para operar nessa área. Deve obrigatoriamente estar também registrada na Junta Comercial e dedicar-se apenas ao financiamento para a aquisição de bens móveis duráveis, operação essa também chamada de crédito direto ao consumidor. Em seu nome deve obrigatoriamente constar o seu segmento de mercado: sociedade de financiamento, crédito e investimento.

7.2.5. Devolução do excesso

Conforme foi visto, o fiduciário tem o direito de promover a venda em leilão e apropriar-se do dinheiro para o pagamento da dívida do fiduciante. É possível, porém, que a coisa seja vendida por importância superior à dívida, sobrando um resíduo. O valor sobressalente deverá ser devolvido ao fiduciante de imediato, ficando o fiduciário sujeito a penas e ações. Essa obrigação está prevista em várias passagens da legislação fiduciária.

7.2.6. Registro do contrato

O contrato de alienação fiduciária deve ser registrado no Cartório de Títulos e Documentos pelo fiduciário caso este queira fazê-lo valer *erga omnes*, isto é, contra terceiros. A falta do registro não significa a nulidade do contrato, mas ele tem eficácia apenas entre fiduciário e fiduciante, com base do princípio de que o contrato faz lei entre as partes. Porém, se quiser agir contra terceiros, não poderá fazê-lo sem esse registro.

7.2.7. Intimação do fiduciante

O fiduciário é obrigado a intimar o fiduciante a respeito das medidas tomadas contra ele, como a ação de busca e apreensão. Se o bem alienado for imóvel, o fiduciário deverá requerer ao Cartório de Registro de Imóveis a intimação. Também no caso de purgação da mora, o fiduciário deverá intimar o fiduciante sobre o prazo.

8. DO CONSTITUTO POSSESSÓRIO

8.1. Cláusula obrigatória

8.2. O constituto possessório no contrato de compra e venda

8.1. Cláusula obrigatória

Elemento do contrato e que é da natureza da alienação fiduciária em garantia é a **cláusula constituti**, também chamada de **constituto possessório**. Trata-se de cláusula contratual, uma convenção entre as partes, pela qual uma coisa fica transferida para outrem, embora permaneça em poder de quem transfere. É a *traditio ficta* = tradição ficta, vale dizer, uma tradição sem tradição, ou apenas uma tradição convencional. É o seu sentido etimológico. *Constitutum*, do verbo latino *constituere* = comprometer-se, convencionar, estabelecer, é a origem do nome dessa cláusula.

Pela cláusula *constituti* pactuam a modificação do contrato num determinado tempo e mediante o implemento de certas condições. Outra característica é a já falada tradição ficta: é promovida a tradição da coisa objeto da garantia, ainda que permaneça nas mãos de quem a transfere. Trata-se de cláusula necessária, essencial, sob pena de não haver a tradição ficta, pois a lei a proíbe, malgrado admita pacto por ela. É o que vemos no artigo 1.267 do Código Civil:

> *A propriedade das coisas não se transfere pelos negócios jurídicos antes da tradição.*
>
> *Parágrafo único. Subentende-se a tradição quando o transmitente continua a possuir pelo constituto possessório; quando cede ao adquirente o direito à restituição da coisa, que se encontra em poder de terceiro; ou quando o adquirente já está na posse da coisa, por ocasião do negócio jurídico.*

É, portanto, a aplicação da cláusula na alienação fiduciária com a tradição subentendida, na apreciação do artigo 1.267; tem-se como tradição se o transmitente do bem o conserva pelo constitututo possessório e, neste caso, ocorre que o bem transferido já estava de posse dele por ocasião do estabelecimento da alienação fiduciária.

A cláusula *constituti* é essencial no contrato de alienação fiduciária em garantia, mas é também utilizada subsidiariamente em várias ocasiões, como no contrato de penhor. Podemos citar como exemplo o penhor pecuário, muito utilizado no financiamento rural: um criador de gado levanta empréstimo num banco e dá como garantia o penhor de mil cabeças de gado. O Banco, porém, não possui instalações para acondicionar mil cabeças de gado e, pela cláusula constituti encarrega o cliente-financiado de guardar em seu pasto a boiada dada em penhor.

8.2. O constituto possessório no contrato de compra e venda

No direito romano, o contrato de compra e venda era contrato real – por ele se fazia a transferência da coisa vendida do vendedor para o comprador. Não havia cláusula constituti. O sistema italiano e o francês seguiram a tradição romana. Contudo, nosso Código Civil de 1916 adotou viés diferente, por ter sido baseado no Código Civil alemão, que considera o contrato de compra e venda como consensual: o simples consenso das partes opera a transferência do bem vendido. Assim também considera o Código Civil brasileiro atual, conservando o mesmo critério de 1916.

Vamos comparar os sistemas diferentes nos códigos:

Artigo 1.470 do Código Civil italiano:

La vendita è il contratto che ha por oggeto il trasferimento della proprietà di una cosa o il trasferimento de um altro diritto verso il corrispettivo di un prezzo.

A venda é o contrato que tem por objeto a transferência de uma coisa ou a transferência de outro direito mediante a contrapres-tação de preço.

Pelo que se vê no artigo acima, a venda opera a transferência da propriedade; o comprador se torna no ato do contrato o proprietário da coisa vendida. É um contrato real. Porém, não é o que diz nosso Código Civil, no artigo 481:

Pelo contrato de compra e venda, um dos contraentes se obriga a transferir o domínio de certa coisa e o outro a pagar-lhe o preço em dinheiro.

Notamos agora a diferença de linguagem: **o vendedor se obriga a transferir o domínio.** O contrato está celebrado e o comprador não é dono da coisa, mas ela vai ser entregue depois; enquanto não se faz a entrega da coisa, não há tradição. Está implícito neste contrato o constituto possessório, ou seja, a coisa está ainda na posse e propriedade do vendedor, embora temporariamente. É o constituto possessório presumido ou subentendido.

Assim também acontece na AFG, mas o constituto possessório não está implícito, mas explícito no contrato. Dá-se a tradição ficta, ou seja, transferência do domínio da coisa, independente da sua tradição. O vendedor assumiu a obrigação de transferir o domínio, mas ainda não transferiu. Há declaração de vontade expressa no contrato: concordando ambas as partes com a transferência do domínio sem a tradição efetiva e real da coisa ao comprador.

9. DO CONTRATO DE ALIENAÇÃO FIDUCIÁRIA

9.1. Aspectos conceituais
9.2. Dois tipos de contrato
9.3. Características do contrato
9.4. Requisitos obrigatórios

9.1. Aspectos conceituais

O contrato de alienação fiduciária em garantia, comumente designado como AFG, é um negócio jurídico com muitos pontos de identificação com o contrato de compra e venda, mas com potencial retorno à situação anterior. É celebrado entre duas partes, chamadas **fiduciante** e **fiduciário**.

Por esse contrato, o fiduciante vende um bem ao fiduciário, com a cláusula de que no futuro esse bem retorne ao domínio do fiduciante. O fiduciário torna-se proprietário do bem, mas não poderá aliená-lo. O fiduciante é obrigado a administrá-lo e cuidar dele até a restituição da propriedade plena para ele.

É utilizado para garantia de um débito. Por exemplo: um devedor vende um bem ao seu credor, que se torna proprietário dele temporariamente; quando o devedor pagar seu débito, o bem volta ao patrimônio do devedor. Trata-se de operação originada do direito romano, praticada com o nome de *fiducia cum creditore*.

É um tipo de contrato misto, eclético, contendo elementos do contrato de compra e venda, do penhor, do depósito, do financiamento (mútuo dirigido). Vê-se que o objetivo desse contrato é o de incrementar o movimento de vendas de bens móveis duráveis, criando um novo tipo de financiamento, dando ao financiador maior garantia e segurança para o recebimento de seu crédito. É utilizado principalmente na venda de veículos automotores. Posteriormente foi aplicado no financiamento de imóveis.

Podemos estabelecer vários conceitos, mas é contrato tão bem definido que poderemos dizer que não há vários conceitos, mas diversas formas de expor um conceito, mudando apenas as palavras ou a posição delas na frase. Não iremos expor essas versões do conceito, mas será de todo conveniente o apego à própria lei. Destarte, apegando-nos ao Decreto-lei 911/65, diremos que:

> *O contrato de alienação fiduciária em garantia é o acordo entre duas partes, denominadas fiduciante e fiduciário, pelo qual o fiduciante transfere ao fiduciário o domínio resolúvel e a posse indireta da coisa móvel alienada, independentemente da tradição efetiva do bem, tornando-se o alienante ou devedor possuidor direto e depositário com todas as responsabilidades e encargos que lhe incumbem de acordo com a lei civil e penal.*

A definição acima é baseada no Decreto-lei 911/65, que regula a AFG de coisas móveis. Para coisas imóveis, iremos encontrar conceito expresso na Lei 9.514/97 que é muito semelhante, mas que se aplica a coisas imóveis:

Alienação fiduciária em garantia é o negócio jurídico pelo qual o devedor, ou fiduciante, com o escopo de garantia, contrata a transferência ao credor, ou fiduciário, da propriedade resolúvel de coisa imóvel.

Vejamos, porém, como se aplica:

A – alguém deseja comprar um automóvel, mas não tem dinheiro para pagá-lo;

B – dirige-se a uma concessionária e adquire dela o veículo com financiamento e assina uma letra de câmbio;

C – a concessionária recebe o preço do veículo à vista, não do comprador, mas de uma financeira;

D – o comprador do veículo vende-o à financeira, que se torna proprietária dele;

E – a financeira deixa o automóvel nas mãos do comprador, que vai pagando a ela mensalmente o valor do financiamento;

F – ao pagar a última prestação, a financeira dá a quitação final ao comprador e ele se torna o proprietário pleno do veículo.

As três partes obtiveram vantagens, por ser um contrato oneroso: a concessionária vendeu o veículo, recebendo o preço à vista. O adquirente do veículo recebeu-o sem ter dinheiro para pagá-lo, tendo sido financiado. A financeira concedeu um financiamento, auferindo lucros, cercada de sólidas garantias.

O comprador que recebeu o veículo financiado e alienou-o à financeira recebeu o nome de **fiduciante** ou **alienante**. A financeira, que financiou a operação e recebeu o domínio do bem em garantia, chama-se **fiduciário**. A concessionária é a vendedora, pois só cedeu o veículo, não entrando na relação fiduciária. Assume, porém, certas obrigações, como as de dar assistência técnica, assumir os riscos da evicção e dos vícios redibitórios e outras menores.

Aspecto importante do contrato é o da propriedade e da posse do veículo. O fiduciário, isto é, a financeira, é a proprietária do veículo, pois ele foi alienado a ela, mas não tem a posse do veículo: tem a propriedade, mas não a posse. Houve, pois, o desdobramento da posse. O fiduciante é o possuidor direto; ele só vai adquirir a propriedade desse veículo no momento em que pagar a última prestação. O fiduciante não pode vender o veículo por não ser dono dele, já que pertence ao fiduciário. Se vendê-lo, incorrerá em crime de estelionato, porquanto terá vendido um bem que não lhe pertence.

O fiduciário tem do veículo a propriedade resolúvel, ou seja, a propriedade conseguida em contrato com cláusula resolutória. Assim, na alienação fiduciária em garantia, o fiduciário tem a propriedade, mas no próprio contrato de constituição dessa propriedade consta uma cláusula extinguindo-a nas condições previstas. Pela cláusula resolutória, no momento em que o fiduciante pagar a última prestação, resolve-se a propriedade e esta passa do fiduciário para o fiduciante. Enquanto a propriedade não se resolve, o fiduciante permanece com o carro na sua posse, mas na condição de depositário.

9.2. Dois tipos de contrato

Antes de qualquer consideração, importa distinguir dois tipos de contrato de AFG. Um é o referente a bens móveis e o outro a bens imóveis, havendo leves diferenças entre um e outro.

O primeiro deles, referente a bens móveis, ficou previsto pela Lei do Mercado de Capitais, a Lei 4.728/65 e pelo Decreto-lei 911/69. É celebrado no âmbito do mercado financeiro e de capital, bem como em garantia de créditos fiscais e previdenciários. É definido pela lei como o contrato pelo qual se transfere ao credor o domínio resolúvel e a posse indireta da **coisa móvel** alienada, independentemente da tradição efetiva do bem, tornando-se o alienante ou devedor em possuidor direto e depositário com todas as responsabilidades que lhe incumbem de acordo com a lei civil e penal.

O segundo tipo de contrato refere-se a bens imóveis e foi criado 32 anos após, graças à Lei 9.514/97, que criou o Sistema Financeiro Imobiliário. É celebrado mais no Sistema Financeiro Imobiliário, embora possa também ser praticado pelas entidades financeiras do mercado financeiro e de capitais. É definido pela lei que o criou, como o negócio jurídico pelo qual o devedor (fiduciante), com o escopo de garantia, contrata a transferência ao credor (fiduciário), da propriedade resolúvel de **coisa imóvel**.

9.3. Características do contrato

O contrato de AFG é um negócio jurídico e como tal deverá apresentar certas características e condições, principalmente as que lhe são impostas pelas normas ditadas pelo Código Civil. Nossa lei básica estatui as disposições gerais sobre os negócios jurídicos no Livro III, nos artigos 104 a 184. Quanto ao contrato, que é um tipo de negócio jurídico, o Código Civil institui as disposições preliminares nos artigos 421 a 480.

O contrato deve apresentar os requisitos gerais de todo negócio jurídico, que são três: **agente capaz, objeto lícito, possível, determinado ou indeterminado.**

O **agente capaz** deve ser cada parte interveniente: o **fiduciante** e o **fiduciário**. Ambos devem ter capacidade jurídica para assumir compromissos, como a maioridade para pessoa física e registro no órgão competente para pessoa jurídica. Para ser capaz de assumir a posição de fiduciário de coisas móveis, por exemplo, só poderá ser pessoa jurídica – uma empresa registrada no Banco Central do Brasil e que tenha capacidade para celebrar esse contrato, concedida por esse órgão.

Quanto ao objeto do contrato, deverá ser lícito e possível. Lícito é, tanto que está regulamentado pela lei e praticado sob o acompanhamento do Poder Público e submetido, se necessário, ao crivo do Poder Judiciário. Não é possível um contrato de objeto impossível, como financiar a compra de um automóvel no planeta Marte, financiar bombas atômicas e outros. A AFG é plenamente possível, a tal ponto de ser praticado com maior frequência em todo o Brasil.

A terceira condição da validade do contrato é a de ter forma prescrita ou não defesa em lei (defesa em lei significa proibida pela lei). No caso em questão, vale dizer, no tocante à AFG, não só não é proibido pela lei, como está até autorizado e regulamentado por ela, que lhe aponta a forma como deve ser elaborado.

E o Código Civil fixa até os fundamentos em que se deve interpretar o contrato, conforme se vê nos artigos 112 e 113.

Artigo 112

Nas declarações de vontade se atenderá mais a intenção nelas consubstanciada do que ao sentido literal da linguagem.

Artigo 113

Os negócios jurídicos devem ser interpretados conforme a boa-fé e os usos do lugar de sua celebração.

Esses dois artigos representam o fundamento da defesa arguida pela AFG ante as críticas que ela sofre. Qual é a intenção das partes consubstanciada na declaração de vontade ao celebrarem o contrato? O fiduciante que ter um carro e pretende pagar o financiamento dele; o fiduciário quer conceder o financiamento, facilitando e proporcionando ao fiduciante a oportunidade de ter um carro. Todos com nobre intenção, honestidade e boa-fé. E com boa-fé deve ser interpretado o contrato: se o fiduciante interpretar o contrato como possibilidade de se desfazer do carro e não pagar a dívida que assumiu, estará imbuído de má-fé.

Este contrato incorporou elementos do contrato de compra e venda, de depósito, de penhor, de financiamento. É um contrato muito eclético. Vamos situar o contrato de AFG no quadro dos contratos, apontando suas características primordiais:

1. Empresarial

É contrato empresarial e bancário, uma vez que é o objeto social de uma instituição financeira, especialmente criada para ele; é privativo da **companhia de financiamento, crédito e investimento**, que é instituição bancária; é por isso contrato bancário. Por ser empresarial, é de prestações recíprocas, oneroso e comutativo. O fiduciário é sempre uma empresa de caráter mercantil, e suas atividades se integram no segmento econômico da atividade empresarial. Além disso, essas empresas são obrigatoriamente sociedades anônimas e as atividades desse tipo de sociedade são sempre mercantis, segundo a lei.

2. De Prestações Recíprocas

Esse tipo é também chamado de bilateral. Não é bem simpática esta expressão, pois chamar o contrato de bilateral dá a impressão de ser entre duas partes; quase todos os contratos são bilaterais, entre duas partes. De prestações recíprocas parece ser mais apropriado para o mundo moderno. Não quer dizer ao fato de ser celebrado por duas partes, mas que as duas devem arcar com sacrifícios semelhantes. O contrato de AFG, por sua própria natureza empresarial, deve pautar-se pela reciprocidade, pelo equilíbrio, para não se constituir um **contrato leonino**. O fiduciante assume compromissos perante o fiduciário e este perante aquele.

3. Oneroso

O conceito do contrato revela-o como oneroso, ou seja, ambas as partes tem obrigações a cumprir. A doação de um imóvel de pai para seu filho é um contrato gratuito, pois não há contraprestação; apenas o doador assume a obrigação de dar a coisa doada. Se o filho pagasse algum preço pela coisa, não seria contrato gratuito, mas oneroso.

O contrato de alienação fiduciária em garantia é oneroso, pois traz direitos e obrigações para fiduciante e fiduciário: para o fiduciante as de pagar as prestações e para o fiduciário a de conceder o crédito.

4. De Execução Diferida, Continuada

Na execução instantânea, ambas as partes cumprem instantaneamente, prontamente, suas obrigações, de tal forma que o contrato se extingue no ato. Assim, numa compra à vista, o vendedor entrega a mercadoria e o comprador paga o preço; num só instante o contrato formou-se, cumpriu-se e extinguiu-se.

Não é o que acontece com o contrato de AFG. Ele é de execução diferida e continuada. O fiduciário concede o financiamento no ato e depois continua com certas obrigações para cumprir no futuro, como dar a quitação final do pagamento. O fiduciário não cumpre obrigações no ato, mas irá cumprindo durante a execução do contrato, pagando as prestações até o final.

5. Nominado

O contrato inominado não é aquele a que falta o nome, mas que não está tipificado pela lei; é chamado também de atípico, pois não é um tipo definido legalmente. Ao contrário, o contrato de AFG é um contrato nominado, típico; não só por ter um nome legal, mas porque está previsto na lei, que lhe dá regulamentação, como acontece no Decreto-lei 911/65 e na Lei 9.514/97.

6. Formal

Formal ou solene é o contrato ao qual a lei exige forma especial; exige a observância de certos requisitos. O contrato que estamos estudando deve obedecer a muitas exigências, como, por exemplo, ser escrito, ser registrado em cartório, conter certos dados previstos pela lei. Muitas disposições legais determinam seu conteúdo. Só se prova por escrito e seu instrumento, público ou particular, qualquer que seja o seu valor, será arquivado, por cópia ou microfilme, no Registro de Títulos e Documentos do domicílio do devedor, sob pena de não valor contra terceiros.

7. Acessório

O contrato, como os bens, podem ser acessórios e principais. Principal é o que existe por si, sem precisar de outros. Acessório é o que depende do principal, e sem este não existiria. O contrato de AFG não existe por si só; ele está atrelado a outro, que será o seu principal. Vamos examinar melhor a aplicação dos dois: a financeira concede empréstimo ao fiduciante para que este possa comprar o carro: é um contrato de mútuo (mútuo é empréstimo de dinheiro). Para garantir o pagamento desse empréstimo o fiduciante celebra o contrato de AFG. Vê-se, portanto, que sem o mútuo não haveria AFG, mas o mútuo pode haver sem garantia. Todos os contratos de garantia são acessórios.

Característica primordial do contrato acessório e estar subordinado ao destino do seu principal; o primeiro segue o segundo. Extingue-se o mútuo, extingue-se a garantia, obedecendo ao princípio do direito romano: *accessorium sequntur suum principalem.*

O mesmo critério de classificação existe para os bens; nosso Código Civil, no artigo 92, define os dois tipos:

> *Principal é o bem que existe sobre si, abstrata ou concretamente; acessório, aquele cuja existência supõe a do principal.*

8. Comutativo

Este é o contrato em que as partes sabem antecipadamente os efeitos dele: quais são os direitos e obrigações que advirão a elas em decorrência do contrato. Os efeitos são previsíveis, esperados. O contrário de comutativo é aleatório, como o contrato de seguro, cujos efeitos são desconhecidos. *Alea*, expressão latina, significa sorte do jogo, acaso, o que ocorrer no futuro. Caio Júlio César, ao atravessar o Rubicon, rio que servia de limite de Roma, para tomar o poder, bradou *Alea jacta est* = a sorte está lançada, querendo dizer: haja o que houver. Na AFG, ambas as partes já ficam sabendo quais serão seus direitos e obrigações, uns expressos no contrato, outros na lei. É por isso comutativo.

9.4. Requisitos obrigatórios

No tocante a coisas móveis, este contrato deverá ter certos requisitos obrigatórios pela lei:

1. O total da dívida e sua estimativa.

2. O local e a data do pagamento.

3. A taxa de juros, as comissões cuja cobrança for permitida e, eventualmente, a cláusula penal e a estipulação de correção monetária, com indicação dos índices aplicáveis.

4. A cláusula de constituição da propriedade fiduciária, com a descrição do bem objeto da alienação fiduciária e os elementos indispensáveis à sua identificação. Se a coisa alienada em garantia não se identifica por números, marcas e sinais indicados no instrumento de alienação fiduciária cabe ao proprietário fiduciário o ônus da prova, contra terceiros, da identidade dos bens do seu domínio que se encontram em poder do devedor.

5. A cláusula assegurando ao fiduciante, enquanto adimplente, a livre utilização, por sua conta e risco, do imóvel objeto da alienação fiduciária.

6. Data e assinatura das partes contratantes.

Quando se tratar de bens imóveis, conterá:

1. O valor do principal da dívida. Por dívida entende-se o saldo devedor da operação de alienação fiduciária, na data do leilão, nele

incluídos os juros convencionais, as penalidades e dos demais encargos contratuais. E também as despesas: a soma das importâncias correspondentes aos encargos e custas de intimação e as necessárias à realização do público leilão, nestas compreendidas as relativas aos anúncios e à comissão do leiloeiro.

2. O prazo e as condições de reposição do empréstimo ou do crédito do fiduciário.

3. A taxa de juros e os encargos incidentes.

4. A cláusula de constituição da propriedade fiduciária, com a descrição do imóvel objeto da alienação fiduciária e a indicação do título e modo de aquisição.

5. A cláusula assegurando ao fiduciante, enquanto adimplente, a livre utilização, por sua conta e risco, do imóvel objeto da alienação fiduciária.

6. A indicação, para efeito de venda em público leilão, do valor do imóvel e dos critérios para a respectiva revisão.

7. A cláusula dispondo sobre os procedimentos de que trata o artigo 27, ou seja, sobre a realização do leilão.

10. EXTINÇÃO DA ALIENAÇÃO FIDUCIÁRIA EM GARANTIA

10. EXTINÇÃO DA ALIENAÇÃO FIDUCIÁRIA EM GARANTIA

A legislação sobre a alienação fiduciária em garantia remete ao artigo 1.436 do Código Civil as razões da extinção da AFG. São as mesmas causas da extinção do penhor, uma vez que a alienação fiduciária tem muita semelhança com o penhor; ambos são garantias reais. Por isso uma se estende a outra, extinguindo de várias maneiras, que examinaremos a seguir.

1. Extinguindo-se a Obrigação

Com o pagamento da dívida, vale dizer, da última prestação, salda-se o débito e o devedor não precisa garantir débito que deixou de existir. Por isso, o ex-proprietário fiduciário deve dar a quitação da dívida para que o ex-devedor-fiduciante cancele o registro.

Sobre esta causa de extinção diz o artigo 25 da Lei 9.514/97 que regulamenta a alienação fiduciária de imóveis, mas que se aplica também a móveis, que:

Com o pagamento da dívida e seus encargos, resolve-se, nos termos deste artigo, a propriedade fiduciária do imóvel.

§ 1º – No prazo de trinta dias, a contar da data de liquidação da dívida, o fiduciário fornecerá o respectivo termo de quitação ao fiduciante, sob pena de multa em favor deste, equivalente a meio por cento ao mês, ou fração, sobre o valor do contrato.

§ 2º – À vista do termo de quitação de que trata o parágrafo anterior, o oficial do competente Registro de Imóveis efetuará o cancelamento do registro da propriedade fiduciária.

2. Perecendo a Coisa

Se a coisa entregue em AFG deixar de existir, por qualquer motivo, ela não garante coisa alguma, razão pela qual a garantia se extinguiu.

3. Renunciando o Credor

Se o credor, neste caso, o proprietário-fiduciário renunciar à dívida, ele perdoa o devedor, ficando extinta a obrigação; se não há mais dívida, não haverá garantia para dívida não existente.

4. Confundindo-se na Mesma Pessoa as Qualidades de Credor e Dono da Coisa

Essa confusão pode ocorrer de várias maneiras, sendo a principal, a consolidação da propriedade sobre a coisa alienada, feita pelo credor-fiduciário, em vista do inadimplemento do devedor. Examinemos o exemplo que invocamos a todo o momento. Ulpiano comprou um carro e o alienou à AUTOFIN Financeira. Como Ulpiano não pagou prestações, a AUTO-FIN consolidou a propriedade fiduciária, ou seja, incorporou o carro ao seu patrimônio. Se a AUTOFIN é a dona do carro seria inócuo garantir seu crédito com seu patrimônio.

Se a confusão se operar quanto à parte da dívida pignoratícia, ou melhor, quanto à dívida fiduciária, ou seja, a dívida garantida com AFG, esta subsistirá quanto ao resto. Vamos examinar bem essa situação: Ulpiano comprou vários veículos, fazendo AFG de todos eles à AUTOFIN, ou então, ele pode ter alienado somente um caminhão, garantindo dois automóveis também. Se a AUTOFIN adjudicar o caminhão, continuará com seus direitos sobre os automóveis. Não se pode dividir, fracionar a garantia da alienação fiduciária.

5. Dando-se a Adjudicação Judicial, A Remição ou a Venda da Coisa Alienada, Feita pelo Credor ou por ele Autorizada

É situação parecida com a anterior, geralmente com o credor tornando-se dono da coisa alienada. A adjudicação é uma das formas de transmissão de propriedade por ato judicial; por meio dela a Justiça transfere a propriedade de um bem de um para outro proprietário, por motivos legais. É o caso de um imóvel pertencente ao devedor, que é vendido em leilão para pagar a dívida; o adquirente do imóvel em leilão pede a adjudicação dele em seu nome. Ou então o imóvel é oferecido em leilão, mas não encontra comprador: o credor pede a adjudicação do imóvel. A sentença de adjudicação será então registrada no Cartório de Registro de Imóvel.

Presume-se a renúncia do credor quando ele consentir na venda particular do bem alienado fiduciariamente sem reserva de preço; neste caso, o valor da venda prevalecerá e o credor não poderá reclamar reforço de garantia, caso esse valor não cobrir seu crédito. Ocorrerá essa renúncia também se o credor restituir a posse indireta ao devedor fiduciante, ou quando anuir à sua substituição por outra garantia; nesta renúncia, surgiu nova garantia substituindo a AFG, que fica extinta.

Quando se fala em credor, refere-se ao proprietário-fiduciário ou vice versa.

A remição, neste caso, tem o sentido de suspensão, renúncia, perdão, liberação, ora por parte do credor, ora do devedor. O credor renuncia aos seus direitos sobre a coisa alienada, liberando-a em benefício do devedor, ainda que não tenha renunciado ao seu crédito. Por outro lado, o próprio devedor renuncia aos seus direitos de defesa e à coisa alienada, e, como não pode pagar a dívida, libera seus direitos de propriedade resolúvel em favor do credor, como se fosse uma dação em pagamento.

Outra causa da extinção da AFG é a venda da coisa alienada. Se ela for vendida a um terceiro, este será o novo proprietário dela, cessando a propriedade resolúvel.

A extinção da AFG produzirá efeitos perante terceiros quando seu cancelamento for averbado, amparado com as respectivas provas, no órgão de registro competente, como o DETRAN no caso de automóveis e o Registro de Imóveis no caso de imóveis.

11. FIGURAS INTERVENIENTES

11.1. Bilateralidade do contrato
11.2. Fiduciante
11.3. Fiduciário
     11.3.1. Possibilidade paralela
11.4. Vendedor

11.1. Bilateralidade do contrato

Já foi dito que a alienação fiduciária em garantia é um complexo de contratos, ou um contrato misto, eclético, contendo elementos da compra e venda e do contrato de mútuo-financiamento, mas nele se incluem também elementos do depósito e do penhor. Em consequência, as partes do contrato de alienação fiduciária em garantia serão mais ou menos as mesmas dos contratos que o compõem.

Entretanto, essas partes se sobrepõem, fundindo-se várias delas numa só que formará a alienação fiduciária em garantia. Assim, podemos chamar uma das partes como fiduciante, devedor, possuidor direto, comprador, depositário. Podemos chamar a outra parte de fiduciário, credor, financiador, depositante. Isso tudo soa muita confusão, mas, logo adiante, explicaremos a razão dessas considerações. Para evitar qualquer confusão, chamaremos essas partes apenas de **fiduciante** e **fiduciário**.

11.2. Fiduciante

É a pessoa física ou jurídica que adquire o bem e o vende em seguida ao fiduciário, como aconteceu com Ulpiano no exemplo inicial. O primeiro passo da alienação fiduciária em garantia se deu quando Ulpiano se dirigiu à concessionária de automóveis e adquiriu um veículo; nesse momento Ulpiano assumiu a posição de comprador e o automóvel foi o bem móvel objeto da alienação fiduciária em garantia. Por outro lado, a concessionária que lhe vendeu o automóvel assumiu a posição de vendedor.

Porém, Ulpiano não tinha dinheiro para pagar e dirigiu-se a uma entidade financeira, a **financeira**, que lhe emprestou o dinheiro, pagando então o valor do automóvel diretamente ao vendedor. É um novo contrato associado ao de compra e venda; neste contrato Ulpiano assume a posição de mutuário por tratar-se de empréstimo de dinheiro. O vendedor recebeu o valor de sua venda e sai do contrato de alienação fiduciária.

O terceiro passo é a venda do carro que Ulpiano faz à financeira. Perante esse contrato de compra e venda, Ulpiano é agora o vendedor ou alienante (alienar tem aqui o sentido de vender, de desfazer-se do carro). Nessas condições, o mútuo fica parecendo o pagamento do preço do veículo; é uma operação mista, de dois gumes.

11.3. Fiduciário

Adquirindo o bem, a financeira fica sua proprietária, mas não fica com a posse do automóvel, uma vez que ele fica com o fiduciante. Além do mais, é uma propriedade precária, pois está previsto no contato que a fiduciária irá perdê-la no momento em que o fiduciante pagar o valor total do veículo. A financiadora ficará portanto com o domínio resolúvel, ou propriedade resolúvel. Esses dois termos são considerados sinônimos: domínio e propriedade. A expressão domínio, entretanto, é utilizada apenas como direito real, ou seja, apenas com referência a coisas, e geralmente é mais aplicado às coisas imóveis. Alguns juristas consideram possuidor direto o fiduciante e o fiduciário possuidor indireto.

Igualmente, a financeira é a proprietária do carro, mas o deixa nas mãos do fiduciante, o que nos leva a aceitar um contrato de depósito, sendo a financeira o depositante. Eis por que a financeira desempenha vários papéis no contrato de alienação fiduciária: fiduciário, mutuante, credor, depositante, financiador, comprador.

11.3.1. Possibilidade paralela

O fiduciário de alienação fiduciária de imóveis pode ser pessoa física ou jurídica, mas a alienação fiduciária de coisas móveis exige um estabelecimento bancário. Entretanto, vê-se possibilidade dessa operação por qualquer pessoa física ou jurídica, desde que capaz, embora não possa no contrato constar que seja alienação fiduciária em garantia. Por exemplo: Papiniano compra um carro de Ulpiano, para pagamento em prestações, e como garantia lhe transfere esse mesmo carro, com a cláusula de ser devolvido quando pagar a última prestação. Se Papiniano não pagar, Ulpiano fica autorizado a vender o carro para pagar-se.

Essa prática é bastante antiga – é a *fiducia cum creditore* do direito romano. O que não pode é ser chamada da alienação fiduciária em garantia, uma vez que esta é um contrato nominado, regulamentado por lei, e reservado somente a entidades bancárias. Trata-se neste caso de um negócio fiduciário, e não sofre restrições legais. As partes são capazes e imbuídas de boa-fé; o objeto é lícito. Estão exercendo sua vontade livre, sem serem obrigadas. Nenhum prejuízo causa a terceiros; ao revés, traz vantagens às duas partes e aos terceiros. Não há lei que proíba essa operação, e o que não é proibido é permitido.

Há, ainda outro aspecto: com tantas leis sobrepostas e tantas modificações, a reserva da AFG a entidades bancárias já está superada. E, ainda, a tendência da lei é alargar a aplicação desse instituto, tanto que as cooperativas e os condomínios foram incluídos entre os liberados para o uso desse instituto.

11.4. Vendedor

Foi, neste caso, a concessionária de automóveis que vendeu o veículo a Ulpiano e recebeu o pagamento da Financeira. Alguns alegam que ela não participa da alienação fiduciária em garantia, pois apenas vende um bem e se retira da operação ao receber o pagamento do bem vendido. Outros alegam que a concessionária não seja tão alheia assim. Sem ela não haveria o bem objeto da garantia, nem financiamento, nem domínio resolúvel; é imprescindível portanto sua participação.

Além disso, o vendedor do carro não se retira totalmente da operação, uma vez que terá que prestar assistência técnica do veículo durante todo o tempo em que durar a garantia, sendo obrigada, às vezes, a se relacionar tanto com o fiduciante como com o fiduciário.

E mais ainda: terá que garantir o proprietário resolúvel e o possuidor contra os riscos da evicção e dos vícios redibitórios. Permanecem assim as responsabilidades do vendedor enquanto durar a AFG.

12. GARANTIAS ADICIONAIS À ALIENAÇÃO FIDUCIÁRIA EM GARANTIA

12.1. Tipos de garantia
12.2. A garantia real
12.3. A garantia pessoal ou fidejussória
12.4. Sub-rogação de direitos

12.1. Tipos de garantia

A AFG é um tipo de garantia, mas não o único. O credor-fiduciário, ao conceder financiamento ao devedor-fiduciante, poderá ainda se cercar de outros tipos de garantia, geralmente com a inclusão de um terceiro que entra na relação creditícia, reforçando a garantia dada pelo devedor-fiduciante. A AFG é uma garantia real (de *res* = coisa), por ser representada por uma coisa que garantirá o crédito. Poderá haver outro tipo de garantia, denominada pessoal ou fidejussória. Vejamos algumas características desses dois tipos de garantia, pois ambos se aplicam à AFG, tanto de coisas móveis como imóveis.

12.2. A garantia real

Consta do oferecimento de uma coisa móvel ou imóvel, que ficará reservada para garantir o pagamento de uma obrigação; se esta não for paga, a execução da dívida recai sobre a coisa. É um ônus real que incide sobre a coisa pertencente geralmente ao devedor, mas pode também ser ofertada por um terceiro. O terceiro se compromete a cumprir a obrigação assumida pelo devedor, caso este não o faça.

As garantias reais estão previstas no Código Civil. Apresentando-se como principais o penhor, a hipoteca e a anticrese, sendo esta menos usada. Há também os direitos de uso, usufruto, enfiteuse, servidão predial. Essas garantias podem ser usadas concomitantemente com a AFG. Conforme vimos no início deste compêndio, a Lei 11.481/2007 introduziu quatro tipos de direitos reais, aplicados na AFG com bens imóveis, embora estejam compreendidos nos direitos previstos no Código Civil:

1 – BENS ENFITÊUTICOS, EM QUE SERÁ EXIGÍVEL O PAGAMENTO DO LAUDÊMIO, SE HOUVER A CONSOLIDAÇÃO DO DOMÍNIO ÚTIL DO FIDUCIÁRIO;

2 – O DIREITO DE USO ESPECIAL PARA FINS DE MORADIA;

3 – O DIREITO REAL DE USO, DESDE QUE SUSCETÍVEL DE ALIENAÇÃO;

4 – A PROPRIEDADE SUPERFICIÁRIA.

12.3. A garantia pessoal ou fidejussória

Baseia-se na confiança que desperta uma pessoa por sua formação moral e retaguarda patrimonial. Geralmente essa garantia é dada por um terceiro. Os principais são o aval e a fiança. O aval consta da assinatura do avalista no verso de um título de crédito; por essa declaração cambiária, o avalista se compromete a pagar o valor expresso no título, caso o devedor não o pagar. A fiança é um contrato, que poderá ser contrato à parte, mas acessório a um contrato principal; poderá ser também estabelecido em cláusula contratual.

12.4. Sub-rogação de direitos

Num e noutro caso, tanto o avalista como o fiador assumem obrigações, mas adquirem, em troca, certos direitos. O principal desses direitos é o chamado direito de regresso; graças a ele, o garante que pagar a dívida assume a posição de credor – passa a ser o titular do crédito. Como credor, poderá fazer valer seu direito de regresso contra os devedores anteriores, cobrando deles o pagamento da dívida.

Vamos citar um exemplo: Modestino adquiriu um veículo da distribuidora GAIO-Veículos SA, com financiamento da PAULO S/A-Sociedade de Financiamento, Crédito e Investimento, alienando em garantia. GAIO-Veículos SA emitiu contra Modestino a duplicata referente à venda desse veículo. Todavia, Modestino não pagou as prestações do preço do carro, formando débito para com PAULO S/A-SFCI, que entrou na Justiça com execução contra Modestino.

O processo de execução corria na Justiça, tendo como exequente PAULO S/A-SFCI e como executado Modestino. A cobrança executiva também atingia Ulpiano, que era o garante da dívida. Este a pagou, depositando seu valor em juízo, que foi levantado por PAULO S/A. Ulpiano requereu então ao juiz que o nome de PAULO S/A fosse retirado como exequente e, no lugar dele, fosse incluído o nome de Ulpiano, que se transformou no exequente atual. Exerceu assim o direito de resposta. Esse direito é reconhecido pelo artigo 6º do Decreto-lei 911/69:

O avalista, fiador ou terceiro interessado que pagar a dívida do alienante ou devedor se sub-rogará, de pleno direito, no crédito e na garantia constituída.

Igual critério é adotado pela Lei 9.514/97 que regulamentou o Sistema Financeiro Imobiliário, no tocante à alienação fiduciária de imóveis; eis o que diz o artigo 31 dessa lei:

O fiador ou terceiro interessado que pagar a dívida ficará sub-rogado, de pleno direito, no crédito e na propriedade fiduciária.

13. INSOLVÊNCIA DO DEVEDOR FIDUCIANTE

13.1. A falência do fiduciante
13.2. A insolvência civil do fiduciante
13.3. Efeitos da falência e da insolvência do fiduciante

13.1. A falência do fiduciante

Na falência do devedor fiduciante fica assegurado ao credor ou proprietário-fiduciário o direito de pedir, na forma prevista em lei, a restituição do bem alienado. Neste caso, o devedor-fiduciante terá que ser uma **empresa mercantil**, pois que a falência é um instituto somente aplicado às empresas mercantis. Esta, por sua vez, pode ser **empresa mercantil individual** ou **empresa mercantil coletiva**. São diversos os efeitos decorrentes da falência para cada tipo de devedor fiduciante. Vamos primeiro identificar o tipo das duas empresas.

A **empresa mercantil individual**, também chamada **empresário mercantil individual**, é uma pessoa individual que se registra na Junta Comercial como empresa, adotando seu nome próprio como nome da empresa, como, por exemplo: Jarbas de Melo Alves, Claudionor Correa. Quando for nome comum, é possível adicionar ao nome o ramo de atividade, como elemento diferenciador. Por exemplo: José Pereira-Secos e Molhados, João da Silva-Tecidos e Armarinhos, Antonio Souza-Bar e Lanchonete.

Esse tipo de empresa é passível de falência. Não é a pessoa física que compõe a empresa quem vai à falência, mas é ela própria. Entretanto, no caso de falência, há comunicação patrimonial, como também de responsabilidades.

A empresa mercantil coletiva é chamada de sociedade empresária. Reveste-se de várias formas societárias previstas em lei: **sociedade anônima, sociedade limitada, sociedade em comandita simples, sociedade em comandita por ações, sociedade em conta de participação**. Existe outro tipo de empresa, denominada **sociedade simples**, mas não é mercantil e, por esse motivo, fica isenta de falência.

A falência é um instituto jurídico regulamentado pela Lei de Recuperação de Empresas, a Lei 11.101/2005, que regulamentou também outro instituto concursal: a recuperação judicial; este porém não chega a influir no caso de seu patrimônio conter bens em AFG.

13.2. A insolvência civil do fiduciante

Há também outro instituto semelhante à falência, mas aplicável a uma pessoa natural; não a uma empresa. Está regulamentado no Código de

Processo Civil, no Título denominado DA EXECUÇÃO POR QUANTIA CERTA CONTRA DEVEDOR INSOLVENTE, compreendendo os artigos 748 a 795. Trata-se de prática não muito assimilada pelo direito brasileiro e pela praxe forense, tornando-se possível em vários casos. Entretanto, tem sido ele aplicado em São Paulo no caso de o devedor possuir muitos bens e muitos credores, pois facilita a divisão do patrimônio do devedor proporcionalmente aos credores.

13.3. Efeitos da falência e da insolvência do fiduciante

Os efeitos da insolvência são bem semelhantes aos da falência. Por exemplo: um devedor é declarado insolvente mas tem um automóvel adquirido com AFG. A insolvência se dá quando as dívidas excederem à importância dos bens do devedor. Com a declaração de insolvência, os bens do devedor são arrecadados para formar uma massa. São, porém, somente os bens penhoráveis, ficando isento os bens impenhoráveis, como o automóvel utilizado por um médico no seu trabalho. O devedor perde o direito de administrar seus bens, o que significa que ele será desapossado deles.

Se ele não tem mais a posse de um bem com AFG, que ficará sob a responsabilidade da massa, como acontece na falência ele não pode ser compelido a entregar esse bem, já que não está na sua posse. Neste caso, caberá à massa ser intimada para a entrega do bem alienado. Entretanto, se o devedor for casado, seu cônjuge poderá assumir a responsabilidade pela dívida do carro e continuar pagando as prestações, mantendo-o na sua posse. Para o credor-fiduciário será mais conveniente essa solução.

Todavia, voltemos à falência, que adota o mesmo sistema. Se for empresa individual, seguirá os mesmos passos adotados para a pessoa natural. A empresa coletiva pode ter muitos bens adquiridos com AFG. Um computador não se presta muito para essa operação, mas uma empresa pode adquirir 50 ou mais computadores, compra essa que poderá ser feita com financiamento desse tipo; poderá também ter uma frota de caminhões, alguns automóveis e outros veículos automotores como tratores. Uma empresa de transporte coletivo de pessoas poderá ter muitos ônibus comprados com AFG. Uma empresa construtora poderá ter vários tipos de máquinas de construção civil.

A falência de uma empresa dos modelos acima poderá causar sérios transtornos para as **sociedades de financiamento, crédito e investimentos**, ou seja, os credores-fiduciários de bens na posse da empresa falida. Todos os bens da empresa falida são arrecadados para a formação da massa falida, sendo nomeado para a gestão dessa massa o administrador judicial. Para o credor-fiduciário, que é a sociedade de financiamento, crédito e investimentos, chamada comumente de financeira, ficam várias opções. O ideal será ela requerer a entrega imediata dos bens gravados com AFG, devendo devolver a parte do preço já paga, depositando-a em juízo.

Se assim não o fizer, os bens alienados fiduciariamente permanecerão na massa falida, serão avaliados e vendidos em leilão. O produto da arrematação (venda em leilão) será destinado ao pagamento do bem vendido, já que o preço do bem alienado, vale dizer, o débito do fiduciante, a massa falida será responsável pelo pagamento, ficando o credor-fiduciário como credor quirografário perante a massa.

14. ORIGEM E EVOLUÇÃO HISTÓRICA DA ALIENAÇÃO FIDUCIÁRIA EM GARANTIA

14.1. Criação brasileira

14.2. A fidúcia romana

14.3. A fidúcia do direito germânico

14.4. A fidúcia inglesa

14.5. A AFG no Brasil

14.1. Criação brasileira

A AFG é uma criação do direito brasileiro; ela só existe no Brasil e tem tido aplicação ampla, profunda e eficaz, embora não tenha ainda encontrado uma lei especial. Sua regulamentação está discriminada em um cipoal de normas e leis, de variados matizes. Foi instituída pela Lei 4.728/65, tendo então em nosso país 45 anos de existência, mas a regulamentação dessa lei pelo Decreto-lei 911/69 desfigurou-a de tal maneira que ela podia ser considerada revogada. Apenas recentemente se deu a revogação expressa do artigo 66 da Lei 4.728/65, que regulamentava a AFG.

Não era conhecido esse instituto fora do Brasil, mas recentemente foi encontrado um extraordinário trabalho de interpretação de nosso sistema de garantia fiduciária, no direito italiano. Numa região paralela a Roma, mas situada do outro lado da península, denominada Marche, há uma cidade chamada Camerino. Para os paulistas esse nome não é tão desconhecido, graças à existência de uma rua chamada Camerino, no bairro da Barra Funda. A origem do nome dessa rua era ignorada por seus ocupantes, mas depois se ficou sabendo que vários imigrantes dessa cidade se instaram numa picada à qual deram após o nome de sua cidade.

É bem pequeno esse lugarejo, com 7.000 habitantes, mas tem uma excelente universidade, com 8.000 alunos; portanto, Camerino tem mais universitários do que habitantes. E deve ser muito boa, pois grande parte dos alunos vem de lugares distantes, até mesmo de onde haja universidade. A Universidade de Camerino publicou uma obra excelente, denominada *Alienazione Fiduziária em Garanzia*, da lavra da professora de sua faculdade de direito **Maria Cristina De Sicco**. Esta obra traz ampla exposição da AFG, tal qual ela está em nosso direito. A autora ressalta ainda a excelência da iniciativa brasileira, apontando as virtudes do instituto criado no Brasil e recomendando sua cópia pelo direito europeu.

Não é a primeira vez que isso ocorre. O insigne jurista italiano Tullio Ascarelli, que morou no Brasil vários anos, refugiando-se da perseguição política, racial e religiosa do regime fascista dominante na Itália, estudou profundamente a duplicata, título de crédito criado no Brasil e somente adotado em nosso país. Ascarelli enalteceu a iniciativa brasileira e propugnou pela adoção do mesmo título nos países da Europa, assim como fez Maria Cristina De Sicco com a AFG.

14.2. A fidúcia romana

Existem, porém, muitos antecedentes, com ideias formuladas pelos séculos anteriores ao atual direito brasileiro, começando naturalmente na antiga Roma. A maioria dos modernos institutos jurídicos tem suas bases iniciais no direito romano. E começa com a antiga **fidúcia**, chamada em nosso direito de **negócio fiduciário**. Era um tipo de venda fictícia ou venda simulada, mas não criminosa, sem má-fé. O proprietário de certos bens, temendo alguma agressão contra eles, procura se resguardar, transferindo os bens à pessoa de sua confiança, com o compromisso do comprador em devolver esses bens.

O jurista romano Gaio divide a fidúcia em vários tipos: a *fiducia cum creditore* e *fiducia cum amico* e outras. A *fiducia cum amico* era mais comum e sugestiva: se um cidadão romano, por qualquer razão, temesse ser despojado de seu patrimônio, transferia bens à pessoa de sua confiança. Essa transferência, entretanto, era precária e provisória, pois o comprador dos bens se comprometia a dar a eles destinação específica e devolvê-los quando o vendedor os exigisse de volta. O comprador tinha e exercia os direitos de propriedade sobre as coisas que ele adquiriu, porém havia um pacto entre comprador e vendedor, estabelecendo a propriedade fiduciária dos bens.

Outro tipo de fidúcia, a *fiducia cum creditore*, era diferente. O vendedor transferia bens a outra pessoa com **escopo de garantia**, com finalidade assecuratória. O vendedor assumiu com outra pessoa uma dívida para pagamento num determinado dia; para garantir esse pagamento, o devedor transferia uma coisa ao credor, mas este ficará obrigado a retransferir essa coisa ao vendedor no momento em que pagar a dívida. Podemos ver nessa operação o retrato da nossa AFG.

No início da antiga Roma, o credor tinha poderes draconianos sobre o devedor inadimplente. Podia prendê-lo, cassar sua cidadania, reduzi-lo à escravidão. Tinha poderes sobre o corpo do devedor. Posteriormente, com a *Lex Poetelia Papiria*, a ação do credor foi transferida do corpo do devedor para o patrimônio dele. Em fase mais adiantada foram criadas as garantias reais, como o penhor, a hipoteca e a anticrese, e as fidejussórias, como a fiança e o aval. A AFG é um tipo de garantia real, recebendo forte influência das garantias reais: penhor, hipoteca, anticrese.

Outro tipo de fidúcia, que inspirou as outras duas acima citadas, e da qual já tínhamos falado, foi a venda simulada, com escopo de garantia.

14.3. A fidúcia do direito germânico

A fidúcia foi assimilada pelo direito dos povos germânicos, tendo adquirido matizes especiais, desde a Idade Média até a época moderna. As principais modificações dizem respeito aos poderes do devedor-fiduciante desde que tenha adimplido sua obrigação; ficaram reforçados seus poderes de recuperação da coisa alienada, após o pagamento da dívida. Foi a adaptação da fidúcia romana ao direito mais moderno e equilibrado, por ser considerado o direito romano original muito rígido e formal.

Em dois aspectos os alemães mitigaram o rigor romano: na limitação dos poderes do credor-fiduciário e estabelecimento do direito de sequela, pelo qual o devedor adimplente poderia seguir sua ação a um posterior detentor do bem alienado. Vamos explicar melhor essa situação.

A fidúcia romana massacrava o devedor inadimplente, mas não concedia vantagens ao devedor adimplente. Se ele cumprisse corretamente suas obrigações, não tinha poderes suficientes sobre o credor se este fosse inadimplente. Se o credor-fiduciário não liberasse o bem alienado, como, por exemplo, mantendo o registro da alienação fiduciária, o devedor-fiduciante não teria a *facultas agendi* de exigir o cumprimento dos compromissos assumidos pelo credor-fiduciário. Restringiu assim os poderes jurídicos do fiduciário sobre a coisa objeto da fidúcia.

O fiduciante tinha a possibilidade de pedir a reparação das perdas e danos, que é um tipo de ação muito débil. No tocante à propriedade fiduciária, o fiduciário tinha ilimitado poder jurídico sobre a coisa e podia dispor dela ao seu bel talante. O que o direito germânico fez foi restringir o poder jurídico do fiduciário pelo caráter resolutório da propriedade e assim o fiduciante recuperava seu direito de propriedade sobre a coisa alienada. Assim sendo, na fidúcia romana a alienação era incondicional, havendo a obrigação pessoal da restituição da coisa, ao ser extinta a dívida; na fidúcia germânica a coisa era transmitida sob condição resolutiva do pagamento da dívida. Tão logo a dívida fosse paga, a propriedade voltava ao domínio do alienante, como efeito da condição resolutiva.

Outra conquista do direito germânico foi a aplicação do **direito de sequela.** Esse instituto tem o sentido de **continuação**. O termo sequela significa **continuação, sequência**, e assim é adotado no direito.

14.4. A fidúcia inglesa

A fidúcia romana foi também assimilada pelo direito inglês, mas já modificada pelo direito germânico. A princípio, a fidúcia inglesa era como a romana, e a propriedade era transmitida *pleno jure* ao credor; destarte, o fiduciário era titular do domínio pleno sobre a coisa. Vamos relatar uma situação: o bem alienado fiduciariamente é, via de regra, de valor maior do que a dívida que ele garante. No caso de adimplemento do devedor-fiduciante a coisa era incorporada ao patrimônio definitivo do credor, pela consolidação. O valor maior do preço da coisa não era revertido ao devedor.

Os ingleses introduziram um instituto denominado *trust receipt,* pelo qual o bem alienado é transferido só com escopo de garantia; não é transferido da posse e nem da propriedade do devedor-fiduciante, não se integrando portanto no patrimônio ativo do fiduciário. Nessas condições, o bem alienado permanece na posse indireta e na propriedade resolúvel do fiduciário só para garantia de seu crédito, sendo-lhe vedado dispor dele. Ele somente conseguirá o domínio pleno do bem no caso de inadimplemento do devedor; ele era um proprietário provisório, por ser titular de uma propriedade resolúvel.

O termo *trust*, já aportuguesado para *truste*, significa confiança, crédito, fé. O devedor confia no credor e ele deve mostrar-se digno da confiança nele depositada, tanto que era chamado de *trustee* (aquele em quem se confia). Desta forma, a AFG no Brasil recebeu características da fidúcia inglesa.

O *trust receipt* era a continuação da fidúcia romana, mas mitigando os efeitos nocivos ao fiduciante. Talvez sob a inspiração do direito germânico, restringiu ainda os poderes amplos do fiduciário: os bens alienados fiduciariamente não são transferidos da posse e propriedade para se integrarem no patrimônio ativo do fiduciário. Os bens ficam apenas afetados pela restrição quanto à livre disposição do fiduciário, que deles não pode dispor; ficam apenas afetos a ele para garantia de seu crédito.

No momento em que o crédito do fiduciário era satisfeito, cessava qualquer vínculo dos bens com ele, voltando a posse e propriedade plena para o fiduciante; se este não pagasse, surgiriam os direitos do fiduciário sobre a posse e a propriedade, que lhe serão transferidos.

Aliás, o direito inglês já tinha um instituto antigo, sob o nome de *mortgage*, que influenciou a evolução da fidúcia inglesa, tanto quanto o direito germânico. E ainda mais, a ***mortgage*** introduziu outra vantagem ao fiduciante: a possibilidade de pagar a dívida num prazo determinado, mesmo depois de vencido o prazo para o pagamento. É a cláusula de ***equity of redemption.*** Por outro lado, o credor poderia no processo propor um prazo, findo o qual ficava autorizado judicialmente a vender o bem, caso o fiduciante não a pagasse. Essa cláusula foi incorporada definitivamente na fidúcia inglesa e está na nossa legislação com a possibilidade de o fiduciante purgar a mora.

14.5. A AFG no Brasil

Acreditamos que a introdução da AFG no Brasil tenha sido por influência do direito anglo e alemão. O que é patente, entretanto, é que ela está intimamente ligada ao crédito; sua evolução acompanha a evolução do crédito. Os direitos creditórios foram regulados na antiga Roma, mas, com o desenvolvimento do crédito os romanos sentiram a necessidade da sua proteção e valorização, surgindo, em consequência, as garantias. A princípio foram apresentados o **penhor**, a **hipoteca** e a **anticrese**. Com o tempo, foram ampliados os direitos reais, o ***jus in re aliena*** (direitos sobre coisas alheias), estendendo-se as garantias ao crédito.

Surgiu entre nós a AFG como novo tipo de garantia real, pautada sempre no objetivo de dar segurança e valor ao crédito. Desde a antiga Roma até nossos dias, o crédito vem-se alastrando e se valorizando, a ponto de se dizer que a economia moderna é essencialmente creditória. Criaram-se inúmeras modalidades de crédito, e, com elas, novas garantias, porque as antigas foram-se tornando frágeis e ineficazes, tanto que se vem firmando e ampliando aplicação da AFG.

A AFG já tem quase meio século de aplicação no Brasil, razão pela qual não mais pode ser considerada inovação. Hoje, é instituto já sedimentado, prestigiado e apresenta desenvolvimento, deixando para trás as garantias tradicionais romanas, como o penhor, a hipoteca e a anticrese; esta última pode ser considerada como desaparecida, constando em nosso Código Civil apenas por tradição.

A introdução desse sistema se deu em 1965, com a Lei 4.728/65, que disciplinou o mercado de capitais. Por que a AFG haveria de ser criada e regulamentada por uma lei que nada tem a ver com a AFG? Muitas explicações têm sido dadas, mas uma se evidencia: se fosse apresentado projeto de lei para a criação da AFG, este projeto poderia ser discutido por cinco, seis, dez ou mais anos, e, poderia talvez se perder nos obscuros escaninhos do Congresso Nacional, como vem acontecendo com a Lei da Mediação e tantos outros. O projeto do Código Civil ficou passeando pelo Congresso Nacional durante 27 anos, até ser promulgado em 2002. Como o projeto da Lei do Mercado de Capitais estava em fase final de tramitação e com segura possibilidade de aprovação, foi incluído no final do projeto um artigo a mais: o Artigo 66. E foi este artigo quem criou e regulamentou a AFG.

Primeiro foi aplicada somente a bens móveis. Em 1969, do Decreto-lei 911/69 reformulou esta lei de tal maneira que poderia considerá-la revogada. Vários anos depois, a Lei 4.728/65 foi expressamente revogada. Ainda em 1969 o Decreto-lei 423/69 estendeu a aplicação da AFG à cédula de crédito industrial, que ele criou. Seguiram-se outros tipos de cédulas, todas com AFG.

Grande passo foi dado em 1997, com a inclusão de imóveis na AFG. Essa inclusão se deu com a Lei 9.514/97, representando significativa revolução no campo das garantias reais.

15. OS DIREITOS FIDUCIÁRIOS SÃO ACESSÓRIOS

15. Os Direitos Fiduciários São Acessórios

Os direitos cedidos pelo fiduciante ao fiduciário no tocante à coisa alienada são acessórios por serem dependentes do contrato, que é a operação principal. Assim sendo, eles acompanham o principal, segundo o princípio romano *Accessorium sequuntur suum principalem*. Sem um contrato de crédito não há contrato de alienação fiduciária e sem este não haverá propriedade fiduciária nem os direitos fiduciários. Aliás, é o que ocorre com os direitos reais de garantia: cessa uma obrigação garantida, cessa a garantia. Se uma dívida for paga ela se extingue, e com sua extinção ficam extintas também as garantias.

A recíproca não é verdadeira. Se a obrigação principal se extingue, extinta está a obrigação acessória. Digamos que uma nota promissória, representativa de uma dívida, seja garantida por aval: se for pago o valor dessa nota, o aval não terá qualquer valor. Todavia, é possível que o favorecido da nota promissória concorde em cancelar o aval, riscando-o ou apagando-o no título. Extinguiu-se o aval, mas a dívida permanece, ficando sem a garantia.

Essa ocorrência com a propriedade fiduciária segue o mesmo critério. Digamos que Ulpiano tenha comprado um carro na SOBRAC-Veículos, com alienação fiduciária pela Financeira AUTOCRED. No momento em que o valor do carro for pago, em consequência, a AUTOCRED sai da relação creditória, que deixou de existir. É a consequência lógica: deixou de haver a obrigação principal, deixou de haver a obrigação secundária. Por outro lado, a AUTOCRED pode renunciar aos seus direitos de alienação fiduciária; cessará a garantia, mas a dívida continua.

O acompanhamento do acessório ao principal acontece ainda na transferência do principal, que irá fatalmente levar consigo o acessório. Tanto o crédito como os débitos são transferíveis e, conforme vão sendo transferidos, transferem-se com eles as garantias.

Uma das classificações significativas dos contratos é aquela que os distinguem em principais e acessórios. O contrato principal é o que subsiste por si só; tem existência independente, autônoma, não necessitando de outros para seu aperfeiçoamento. O acessório é o que precisa de outro para que se aperfeiçoe; ele não tem existência própria, mas fica dependurado em outro contrato, que é o seu principal – é o que ocorre com os contratos de garantia.

Exemplo bem sugestivo dessa divisão ideológica dos tipos de contratos é o contrato de aluguel (locação, arrendamento) de um imóvel. O inquilino aluga um apartamento para morar, assumindo várias obrigações; a principal delas é a de pagar o aluguel mensal. Para garantir o cumprimento das obrigações do inquilino, uma terceira pessoa participa desse contrato, celebrando outro que é o de fiança, pelo qual esta garante ao senhorio (locador) o cumprimento das obrigações do inquilino, caso este não as cumpra. É um contrato de garantia: pela fiança a terceira pessoa garante o cumprimento das obrigações assumidas pelo inquilino no contrato de aluguel.

O contrato de aluguel poderia subsistir sem o de fiança; ele é independente, individual, autônomo. Produz seus efeitos jurídicos sem o auxílio de outro. Ao revés, o contrato de fiança não teria existência sem o de aluguel; ele só pode produzir efeitos atrelado ao de aluguel, do qual depende. Assim é todo contrato de garantia, pois sua função é a de garantir obrigações surgidas em outro contrato.

O contrato de alienação fiduciária em garantia está nessa situação; é acessório de outro contrato que é o seu principal. Na venda de um automóvel, por exemplo, há contrato de compra e venda a crédito; por este surge um débito do comprador do carro com o correspondente crédito da financiadora. Esta, porém, quer garantia mais reforçada para seu investimento. A alienação fiduciária em garantia é um reforço de outras garantias.

O automóvel poderia ser vendido normalmente sem a AFG; a financeira poderia financiar o carro baseada na Letra de Câmbio que o comprador lhe deu. Haveria nesse caso dois contratos: o de compra e venda e o de mútuo; todos esses contratos são autônomos e podem existir sem a AFG. Esta, porém, não existe por si mesma; surge com o contrato de compra e venda; é, assim, um contrato acessório, enquanto o de compra e venda é o principal.

A execução do crédito, no caso de inadimplemento, submete-se a idênticos princípios. O devedor pode opor exceções ao crédito, e, consequentemente, à AFG. Entretanto, poderá opor exceções à AFG, alegando alguma irregularidade nela; todavia não nega que deve, reconhecendo o crédito contra si, que continua inalterado. O juiz poderá declarar a nulidade do contrato de AFG, mas o contrato de compra e venda continua válido. Ao revés, se o contrato de compra e venda, que é o principal, for declarado nulo, nulo será também o de AFG.

16. MEDIDAS ASSECURATÓRIAS DOS DIREITOS DO CREDOR-FIDUCIÁRIO

16.1. As ações de defesa

16.2. Consolidação do bem alienado

16.3. O procedimento da busca e apreensão

    16.3.1. Citação do fiduciante

    16.3.2. Purgação da mora

    16.3.3. Contestação

    16.3.4. Decisão do processo

    16.3.5. Processo autônomo

16.4. Execução da sentença

16.5. A recuperação da coisa

16.6. Ação de execução por quantia certa

16.7. Ação temerária de busca e apreensão

16.8. Adjudicação, pelo credor, da coisa alienada

16.1. As ações de defesa

Todo contrato prevê direitos e obrigações para as partes, conforme já vimos ao examinar os direitos e obrigações inerentes ao fiduciante e ao fiduciário. Contudo, a legislação fiduciária cria para o credor-fiduciário os mecanismos para a defesa de seus direitos. Dois desses mecanismos se ressaltam: a **ação de busca e apreensão** e a **ação de depósito**. O primeiro é o mais importante e comum e está de tal forma inserido no sistema cautelar da alienação fiduciária que é citado comumente no próprio conceito desse tipo de garantia.

A ação de busca e apreensão é bem antiga e nos vem do direito romano, sendo aplicada largamente. Está prevista nos artigos 839 a 843 do Código de Processo Civil. Entretanto, a ação de busca e apreensão está também regulamentada no Decreto-lei 911/69, que regulamenta a AFG. Nesse caso, deve seguir a regulamentação que lhe traça a lei específica, isto é, o Decreto-lei 911/69, nos artigos 2º ao 5º. Essa regulamentação prevalece, por ser específica e posterior, aplicando-se subsidiariamente as normas do Código de Processo Civil. Vemos, porém, como se realiza a defesa dos direitos do credor-fiduciário prevista no artigo 2º:

> *No caso de inadimplemento ou mora nas obrigações contratuais garantidas mediante alienação fiduciária, o proprietário fiduciário ou credor poderá vender a coisa a terceiros, independentemente de leilão, hasta pública, avaliação prévia no pagamento de seu crédito e das despesas decorrentes e entregar ao devedor o saldo apurado, se houver.*

16.2. Consolidação de bem alienado

Vê-se, primeiramente, que o credor-fiduciário adquire o direito de vender a coisa alienada para recuperar seu crédito. Todavia, a própria lei prevê outros direitos, e a venda não é tão simples como parece sugerir o artigo 2º. Vários passos são exigidos para aplicação desse artigo. O primeiro deles é a **consolidação** do bem alienado, que assim se consolida no patrimônio do credor. A consolidação é a transferência do bem alienado, do domínio resolúvel para o domínio pleno do fiduciário. A consolidação é uma segunda transferência; a primeira é a que o fiduciante faz da coisa para o fiduciário, mas é uma transferência resolúvel do bem, isto é, o fiduciário passa a ter a propriedade precária e incompleta do bem, e a posse indireta. Com a consolidação, o fiduciário passa a ter o domínio pleno e a posse direta da coisa. Esta, porém, ainda está na posse do fiduciante, necessitando entregá-la ao fiduciário. Se o fiduciante não cumprir essa obrigação, caberá ao fiduciário adotar as medidas mais violentas para a concretização de seus direitos.

A consolidação é a antecipação dos efeitos plenos da propriedade e da posse por meio de medida liminar pela Justiça. Para a obtenção dessa medida liminar, é preciso que esteja constatada a mora ou inadimplemento do devedor, que poderá ser demonstrada pelo protesto do título representativo da dívida ou por carta apresentada por intermédio do Cartório de Títulos e Documentos. Comprovada a mora ou inadimplemento, o fiduciário entra com a ação de busca e apreensão, que será concedida liminarmente. É o que diz o artigo 3º:

> *O Proprietário Fiduciário ou credor poderá requerer contra o devedor ou terceiro a busca e apreensão do bem alienado fiduciariamente, a qual será concedida liminarmente, desde que comprovada a mora ou o inadimplemento do devedor.*

Cinco dias após executada a liminar acima referida, consolidar-se-á a propriedade e a posse plena e exclusiva do bem no patrimônio do credor-fiduciário, cabendo às repartições competentes, quando for o caso, expedir novo certificado de registro de propriedade em nome do credor, ou de terceiro por ele indicado, livre do ônus da propriedade fiduciária. Assim, por exemplo, se o bem alienado for um automóvel e sua alienação fiduciária estiver registrada no DETRAN como propriedade fiduciária, o credor, munido da liminar ou da sentença judicial, providenciará junto ao DETRAN para que este emita novo certificado de propriedade do carro com a retirada da expressão propriedade fiduciária e em nome do fiduciário.

16.3. O procedimento da busca e de apreensão

16.3.1. Citação do fiduciante

Tendo sido proposta a ação, o fiduciante será citado para apresentar contestação no prazo, retrocitado, dos cinco dias para pagar a integralidade da dívida pendente, segundo os valores apresentados pelo credor fiduciário na inicial, hipótese na qual o bem lhe será restituído livre do ônus. Essa dívida abrange o principal, juros e comissões, além das taxas, cláusula penal e correção monetária, quando expressamente convencionados pelas partes.

16.3.2. Purgação da mora

Poderá o devedor purgar a mora, caso já tenha pagado 40% da dívida, tendo o prazo de cinco dias. Pelo que se nota, a lei restringe o poder do credor ao conceder ao devedor o direito de purgar a mora, quando o bem já está consolidado no patrimônio do credor. Embora o artigo 2º diga que *"no caso de inadimplemento ou mora nas obrigações garantidas mediante alienação fiduciária, o proprietário-fiduciário ou credor poderá vender a coisa a terceiros"*, não é tão direta essa faculdade, pois seguirá certos trâmites, começando com a possibilidade de o devedor purgar a mora, o que reverterá a situação.

Nesse prazo de cinco dias, o devedor-fiduciante poderá pagar a integridade da dívida pendente, segundo os valores apresentados pelo credor-fiduciário na inicial, hipótese na qual o bem lhe será restituído livre de ônus. É uma abertura que a lei concede ao devedor, ainda que haja a ação de busca e apreensão, com a concessão da liminar da consolidação da propriedade em favor do credor. A ação de busca e apreensão transforma-se assim em instrumento de pressão, pregando um susto no devedor, que fará esforços para resolver a pendência, com medo de perder o bem que adquiriu e pelo qual já tenha pagado boa parte.

Essa concessão é também do agrado do credor, que vê oportunidade de reaver seu crédito. O que lhe interessa mais é reaver o dinheiro que empregou, já que é uma instituição financeira; não é do seu interesse, por exemplo, ter uma frota de veículos, mas seu dinheiro de volta.

16.3.3. Contestação

Ainda que já tenha pagado seu débito, o devedor-fiduciante poderá dar resposta (contestação) no prazo de quinze dias, mormente se tiver algum direito a reclamar.

Purgada a mora, vão os autos ao contador judicial para ser apurado o **quantum debeatur** (quanto se deve). O crédito do fiduciário a que estamos nos referindo abrange o principal, juros e comissões, além de taxas, cláusula penal e correção monetária, quando expressamente convencionados pelas partes.

Além disso, é possível haver outro acréscimo à dívida. A mora ou o inadimplemento de obrigações contratuais garantidas por alienação fiduciária ou a ocorrência legal ou convencional de algum dos casos de antecipação de vencimento da dívida facultarão ao credor considerar, de pleno direito, vencidas todas as obrigações contratuais, independentemente de aviso ou notificação judicial ou extrajudicial. É a aplicação da cláusula oriunda do direito norte-americano, a *acceleration clause*, pela qual, numa obrigação de pagamentos sucessivos, o não pagamento de uma prestação acarretará o vencimento antecipado dos demais pagamentos.

16.3.4. Decisão do processo

Se não for purgada a mora, o juiz prolatará a sentença. Essa sentença não produzirá muitos efeitos, pois irá consolidar o bem no patrimônio do credor, quando já houvera sido consolidado liminarmente. Dará ao credor a posse direta, quando ele já tinha a posse indireta, e a coisa continua em poder do fiduciante. Contra a sentença caberá apelação apenas no efeito devolutivo.

16.3.5. Processo autônomo?

Interessante é notar que o § 8º do artigo 3º diz que a ação de busca e apreensão revista no Decreto-lei 911/69 constitui processo autônomo e independente de qualquer procedimento posterior. Porém, a lei fala em procedimento posterior, porquanto os procedimentos anteriores constituem base da ação de busca e apreensão, que não pode ser procedimento autônomo, mas vinculado a uma obrigação anterior.

No caso da AFG, por exemplo, a ação de busca e apreensão somente poderia surgir em função do contrato de AFG. O fiduciante cedeu a propriedade resolúvel da coisa alienada em garantia de um financiamento; o fiduciante não cumpriu o pagamento do financiamento garantido, e, de sua inadimplência surgiu a ação de busca e apreensão, intimamente vinculada ao inadimplemento das obrigações assumidas pelo fiduciante.

16.4. Execução da sentença

Assim sendo, o fiduciário poderá, desde a sentença, executá-la, estando já consolidada a coisa; esta poderá ser vendida pelo credor, para a satisfação de seu débito. Dificilmente a venda da coisa terá preço correspondente ao valor da dívida. Ocorrerão neste caso duas situações diferentes.

O valor da venda é inferior ao da dívida

O credor aliviará o valor do débito do fiduciante, sobrando um saldo que ficará sob a responsabilidade do devedor. O credor, por sua vez, poderá cobrar esse saldo do devedor, podendo executar a sentença.

O valor da venda é superior ao da dívida

O credor pagar-se-á com o dinheiro apurado. A sobra deverá ser entregue ao fiduciante, conforme diz o artigo 2º: "devendo aplicar o preço da venda no pagamento de seu crédito e das despesas decorrentes e entregar ao devedor o saldo apurado, se houver".

16.5. A recuperação da coisa

Resta ainda a recuperação do bem alienado, pelo credor, que geralmente permanece e nas mãos do fiduciante. Esse bem pertence de fato e de direito ao fiduciário e lhe cabe o direito de recuperá-lo. Aplica-se neste caso o disposto no artigo 3º do Decreto-lei 911/69:

O Proprietário-Fiduciário, ou credor, poderá requerer contra o devedor ou terceiro a busca e apreensão do bem alienado fiduciariamente, a qual será concedida liminarmente, desde que comprovada a mora ou o inadimplemento do devedor.

Em resumo, ao credor são facultados três tipos de ações para a defesa de seus direitos: **ação de busca de apreensão, ação de execução, ação de depósito.** Sobre a ação de busca e apreensão já discorremos bastante, e a toda hora se fala nela em qualquer momento em que se comente sobre a AFG. Temos que falar um pouco sobre as outras duas, embora já tenhamos tocado no assunto da ação de depósito. Faremos, porém, sobre a ação de depósito, comentários em capítulo especial.

16.6. Ação de execução por quantia certa

A ação de execução, em nosso parecer, só cabe após o procedimento das medidas assecuratórias e somente deve ser aplicada se a ação de busca e apreensão revelar-se inócua ou o valor apurado na venda do bem for insuficiente. Trata-se de um crédito quirografário, sem garantia, uma vez que a coisa alienada não mais existe. Resta então ao credor executar o saldo faltante, pedindo a penhora dos bens do devedor, tantos quantos bastem para garantir seu crédito e levá-los a leilão, para obter os recursos suficientes ao pagamento final. Esta ação está prevista no artigo 5º do Decreto-lei 911/69:

> *Se o credor preferir recorrer à ação executiva ou, se for o caso, ao executivo fiscal, serão penhorados, a critério do autor da ação, bens do devedor quantos bastem para assegurar a execução.*

Ninguém conseguiu compreender a expressão "executivo fiscal", visto que esse tipo de ação é peculiar ao Poder Público. Por outro lado, o processo de execução terá que ser baseado em título executivo judicial ou extrajudicial. Por isso, o credor deverá requerer no processo de busca e apreensão a condenação do fiduciante ao pagamento do saldo faltante. Vamos explicar melhor essas situações.

O credor promove a venda do bem, mas este é vendido a preço inferior ao da dívida, sobrando então um saldo. O credor cobra esse saldo por meio da ação de execução. Há outra situação: na busca e apreensão, o bem alienado não é encontrado e o credor não conseguirá reaver seu crédito; apela então para a ação executiva, visando a penhorar outros bens do devedor.

No tocante ao executivo fiscal, será a execução na Vara da Fazenda Pública de algum débito fiscal, como impostos não recolhidos. A Fazenda Pública entrará com executivo fiscal para obter o pagamento do imposto. Todavia, não se trata de débito fiduciário, mas tributário.

A ação executiva a que estamos nos referindo não está regulada pelo Decreto-lei 911/69, razão por que segue as normas previstas pelo Código de Processo Civil, no Capítulo IV, nos artigos 646 a 795.

16.7. Ação temerária de busca e apreensão

A **ação de busca e apreensão** é uma ferramenta a favor do credor-fiduciário, colocada pela lei, para a defesa eficiente de seus direitos creditórios. Trata-se de mecanismo forte, mais eficaz do que as medidas normais protetoras do crédito. Urge, porém, que o credor a empregue com prudência, sem excessos, mas dentro dos fundamentos legais.

O Decreto-lei 911/69 prevê, por essa razão, funestas consequências para o credor que ultrapassar seus poderes na luta pelos seus direitos, caso ele se lance precipitadamente numa busca e apreensão temerária, que redunde numa sentença que se pronuncie pela improcedência da ação.

Na sentença que decretar a improcedência da ação de busca e apreensão, o juiz condenará o credor-fiduciário ao pagamento de multa, em favor do devedor-fiduciante, equivalente a 50% do valor originalmente financiado, devidamente atualizado, caso o bem já tenha sido alienado. Essa multa não exclui a responsabilidade do credor por perdas e danos.

Vê-se que as penas são bem severas, pois são de 50% do financiamento. Por exemplo: um automóvel é financiado por R$100.000,00, mas o favorecido já pagou R$90.000,00, deixando de pagar algumas prestações finais. A Financeira requer a busca e apreensão com tais defeitos que a levam à improcedência. O valor da sucumbência será então de R$50.000,00 (a metade do financiamento), por consequência de uma cobrança irregular de R$10.000,00.

Acrescenta-se às sanções a responsabilidade por perdas e danos que possa acarretar ao devedor, cujo montante será fixado na sentença que decidir pela improcedência da ação de busca e apreensão.

16.8. Adjudicação, pelo credor, da coisa alienada

Embora a lei fale que o credor poderá vender o bem e com o resultado da venda resgatar seu crédito, não há impedimento para que ele fique com o bem alienado, incorporando-o ao seu patrimônio, ao invés de vendê-lo. Graças à consolidação, o bem alienado já se incorporou legalmente ao seu patrimônio, isto é, ele se tornou proprietário da coisa, por força da liminar no processo de busca e apreensão. Se ele é proprietário da coisa, ele pode exercer sobre ela os direitos da propriedade: *jus utendi, fruendi et abutendi* (direito de usar, gozar e dispor).

O que não pode o credor é aproveitar-se dos recursos que a lei lhe confere para, com esses poderes, prejudicar o devedor-fiduciante e enriquecer-se à custa dele. Por isso, a lei cuidou de restringir esses poderes, às vezes de forma proibitiva, como no artigo 1º, § 6º:

> *É nula a cláusula que autoriza o proprietário-fiduciário a ficar com a coisa alienada em garantia, se a dívida não for paga no vencimento.*

Essa proibição, porém, não é tão radical, como a fria redação desse dispositivo legal parece estabelecer. O que lhe é proibido é adjudicar a coisa ao seu patrimônio *a priori*, ou seja, pelo simples fato do inadimplemento da dívida garantida: o devedor atrasou, o credor se apropria da coisa em garantia *manu militari*. Outro fator surgiu depois da criação do sistema da AFG – o Código de Defesa do Consumidor, que deve ser observado em quase todas as transações. Observados esses cuidados, será possível a adjudicação privada da coisa pelo devedor. Uma vez que ele tem o poder de dispor da coisa, vendendo-a, poderá dispor dela incorporando-a ao seu patrimônio pessoal. É o que parece autorizar o § 4º do artigo 2º:

> *No caso de inadimplemento da obrigação garantida, o proprietário-fiduciário pode vender a coisa a terceiros e aplicar o preço da venda no pagamento do seu crédito e das despesas decorrentes da cobrança, entregando ao devedor o saldo porventura apurado, quando houver.*

Em primeiro lugar, ele deve pedir a avaliação da coisa a um perito-avaliador; o preço de venda da coisa não poderá ficar ao seu exclusivo talante. A venda, então, deverá ser realizada pelo preço avaliado. Além disso, deverá entregar ao vendedor o saldo apurado a mais.

Há também uma questão de ordem prática e econômica. O credor poderá vender o bem e usar o dinheiro da venda para resgatar seu crédito. Por que, então, não poderia facilitar para todos, incorporando diretamente o bem ao seu patrimônio, desde que respeite as normas legais e os direitos do devedor?

17. DA AÇÃO DE DEPÓSITO

17.1. Aplicação do instituto da conversão de ações
17.2. Requisitos da ação de depósito
17.3. A resposta do réu
17.4. Execução da sentença
17.5. A falência posterior à ação de depósito

17.1. Aplicação do instituto da conversão de ações

O decreto 911/69 regulou a ação de **busca e apreensão**, mas não agiu assim com a **ação de depósito**. Apenas apontou essa ação como das ações fiduciárias, junto com a de busca e apreensão e a de execução, no artigo 4º:

> *Se o bem alienado fiduciariamente não for encontrado ou não se achar na posse do devedor, o credor poderá requerer a conversão do pedido de busca e apreensão, nos mesmos autos, em ação de depósito, na forma prevista no Capítulo II, do Livro IV, do Código de Processo Civil.*

Pelo que se vê, o rito a ser seguido nesta ação está regulado nos artigos 901 a 906 do Código de Processo Civil. O objetivo dessa ação está definido de forma clara no artigo 901:

> *Esta ação tem por fim exigir a restituição da coisa depositada.*

Pelo que se deduz do artigo 4º, não é possível entrar direto com a ação de depósito, mas tem que passar primeiro pela ação de busca e apreensão, tanto que fala em *"conversão"* do pedido de busca e apreensão em ação de depósito. Não é obrigatória essa conversão, pois diz que o credor *"poderá"* requerer, mas não *"deverá"*. Ele pode preferir entrar com a ação de execução do seu crédito, procurando a penhora de bens do devedor.

A preferência pela conversão se deve à possibilidade de o devedor fiduciante ser declarado depositário infiel, e, como tal, passível de prisão. Talvez seja essa a razão pela qual o legislador procurou subordinar esta ação ao fracasso da ação de busca e apreensão, ou seja, resultasse negativa pelo fato de o bem alienado não estar nas mãos do fiduciante nem ser encontrado. O benefício da purgação da mora é outra medida tendente a evitar medida extrema da possível prisão do devedor.

17.2. Requisitos da ação de depósito

O pedido de conversão se faz nos próprios autos da ação de busca e apreensão, não havendo necessidade de ser ação autônoma, ainda mais que a segunda ação aproveita os elementos da primeira. Além do mais, se fosse ação autônoma não se deveria falar em conversão de uma em outra ação. Surge nova ação, embora oriunda de ação antiga; por isso a petição pedindo a conversão terá os mesmos requisitos da petição inicial, previstos no Código de Processo Civil e ainda os requisitos próprios da ação de depósito.

Na petição inicial instruída com a prova literal do depósito e a estimativa do valor da coisa, se não constar do contrato, o autor pedirá a citação do réu para, no prazo de cinco dias, entregar a coisa, depositá-la em juízo ou consignar-lhe o equivalente em dinheiro. Pedirá ainda na citação para o réu responder aos termos da ação, querendo. A prova literal do depósito a que se refere a lei é naturalmente o contrato de alienação fiduciária em garantia.

Em nossa opinião, por ser ação nova, deve ser juntado o instrumento de mandato (procuração *ad juditia*), específica para essa ação, pois, na procuração juntada na ação de busca e apreensão, o autor deu certos poderes ao seu advogado, mas agora confere poderes mais amplos, como, por exemplo, pedir a prisão do devedor, o que exige nova procuração. Deve ser também adicionada nova guia de custas para essa ação, necessária a todo processo, que será um pouco diferente nesta ação. O valor da causa na ação de busca e apreensão deverá ser o valor do débito; na de ação de depósito será o valor do bem alienado.

No pedido poderá constar, ainda, a cominação da pena de prisão de até um ano, que poderá ser decretada. É uma forma de constrangimento do devedor para que este entregue o bem alienado ao seu legítimo dono, uma vez que a retenção pelo devedor tornou-se ilícita. Não se trata de uma pena, mas uma ameaça de restrição da liberdade, que poderá ser concretizada, caso o devedor permaneça na posse direta de uma coisa que lhe pertence.

17.3. A resposta do réu

O devedor fiduciante poderá contestar a ação, alegando, além da nulidade ou falsidade do título e da extinção das obrigações, as defesas previstas na lei civil. Se houver contestação, observar-se-á o procedimento ordinário, que redundará em duas soluções: a procedência ou a improcedência.

17.4. Execução da sentença

Julgada procedente a ação, o juiz determinará a expedição de mandato para a entrega, em 24 horas, da coisa ou do equivalente em dinheiro. A sentença marca o limite do rito judicial: até ela é procedimento ordinário; depois dela é procedimento de execução. Se o autor não receber o bem alienado de volta ou o equivalente em dinheiro, poderá dar prosseguimento ao processo para receber o que lhe for reconhecido na sentença, observando-se o procedimento de execução por quantia certa. Nessas condições, poderá requerer a penhora e venda de bens do devedor. Poderá também requerer a prisão do devedor, por não ter cumprido o mandado judicial.

O pedido de prisão tem sido acolhido com prudência pela Justiça. O interesse do credor-fiduciário é receber o dinheiro que aplicou e não aumentar a população carcerária. Por essa razão, a Justiça aplica a lei, que oferece ao credor vários recursos para receber o que lhe for devido, como a ação de execução. Em última instância, decreta-se a prisão do devedor, pois foram esgotados os recursos para que a Justiça se exercesse. O artigo 904 traz inciso que diz:

Não sendo cumprido o mandado, o juiz decretará a prisão do depositante infiel.

Pela redação desse parágrafo, tem-se a impressão de que se o devedor recebe o mandado para entrega do bem e não o entrega, estará automaticamente preso; mas não é assim tão simples. O juiz não age *ex officio*, mas o autor deverá requerer medidas assecuratórias de seus direitos, que poderá ser o pedido de prisão, mas poderá requerer outras medidas. A prisão será decretada depois de esgotados os meios suasórios para o recebimento do crédito.

O artigo 905 do Código de Processo Civil traz certas disposições que, na AFG, não são bem aplicáveis. O CPC regulamenta a ação de depósito de forma geral, aplicável a qualquer situação. Entretanto, se for aplicada em casos específicos, a norma geral precisa se submeter a certos matizes e ser mitigada de acordo com certas circunstâncias. Vamos primeiro expor o artigo 905 e depois comentar.

Sem prejuízo do depósito ou da prisão do réu, é lícito ao autor promover a busca e apreensão da coisa. Se esta for encontrada ou entregue voluntariamente pelo réu, cessará a prisão e será devolvido o equivalente em dinheiro.

Imaginemos agora a aplicação desse artigo no caso específico da AFG: o autor da ação, que é a financeira, requereu a ação de busca e apreensão que se revelou infrutífera. O juiz intimou o executado a devolver o bem ou entregar o preço em dinheiro, e este o depositou em juízo, encerrando a questão. Resta ao autor levantar esse dinheiro e considerar-se pago. Está resolvido o problema. Entretanto, o CPC dá ao autor da ação a faculdade de recusar o pagamento e entrar com ação de busca e apreensão para apropriar-se do bem alienado. Nenhuma lógica haveria para essa opção; para que um estabelecimento bancário vai ficar com uma coisa de segunda mão em vez de receber o dinheiro que emprestou? Além do mais, a ação de busca e apreensão se revelou infrutífera porque a coisa não foi localizada ou não existe mais.

Não cabe na defesa do devedor a alegação de que a prisão civil, em vista de vários pronunciamentos jurisprudenciais, que foram examinados no capítulo referente à prisão civil do fiduciante, está superada, mas iremos lembrar outra vez. A alegação costumeira é a de que o objetivo do depósito é a custódia, a guarda de uma coisa, enquanto que na AFG o objetivo é o uso do bem alienado, e não a sua guarda; é objetivo parecido ao do penhor. Todavia, no caso que estamos examinando, a situação é diferente, pois a obrigação de entregar a coisa decorre de uma sentença judicial dada a um processo em que as razões de ambas as partes foram discutidas e julgadas. O executado recebeu um mandado judicial que o obrigava a entregar a coisa ou o valor equivalente. Não cabe discutir questões já resolvidas. O que houve foi o desrespeito à determinação judicial, que alguns consideram **crime de desobediência** e outros consideram **atentado à dignidade da Justiça.**

17.5. A falência posterior à ação de depósito

O exame de uma questão pela 4ª Turma do Superior Tribunal de Justiça revelou um problema até então desconhecido, o qual passamos a relatar:

A Financeira intentou ação de busca e apreensão contra uma empresa fiduciante, que não obteve êxito, pois os bens alienados não foram encontrados. A Financeira, autora da ação, pediu a conversão da ação de busca e apreensão para a ação de depósito.

A ação de depósito estava em andamento, já em fase de execução. Porém, a empresa fiduciante teve a sua falência decretada e o Juízo foi comunicado da sentença declaratória da falência. O Juízo declarou o processo suspenso, pois a Lei Falimentar diz que a falência provoca a suspensão de todas as execuções contra a empresa falida. A ação de depósito já estava em fase de execução, e as questões sobre ela passaram para a esfera do Direito Falimentar.

Além disso: predomina o juízo universal da falência, pelo qual todas as ações que tratem da empresa falida deverão ser julgadas pelo Juízo em que estiver correndo o procedimento falimentar. A Vara Cível transferiu o feito ao juízo falimentar, declinando de sua competência, em respeito à Lei de Falência.

Por esse acórdão várias consequências ficaram reveladas quanto aos feitos:

1. Se estiver em curso ação de depósito e o réu da ação for uma empresa e tiver sua falência decretada, o processo deixa de ser regido pelo direito comum a passa para o Direito Falimentar.
2. Com a falência do devedor-fiduciante, fica suspensa a ação de depósito.
3. Os autos devem ser enviados ao juízo universal da falência, que dará continuidade ao processo.
4. O réu da ação de depósito não será mais a empresa-fiduciante, mas sua Massa Falida, representada por seu Administrador Judicial.

Entretanto, surgiu outra decisão judicial que causou controvérsia. O juízo falimentar extinguiu o processo liminarmente, pois os bens alienados não foram arrecadados pela Massa Falida e ela não poderia entregá-los. A ação deixou de ter objetivo – não há como fazer a apreensão de um bem que não é encontrado ou não existe; o objetivo da ação é uma **impossibilidade jurídica**. A sentença judicial extintora da ação apegou-se ao artigo 267, inciso VI do CPC, que diz:

Extingue-se o processo sem resolução de mérito:

VI – quando não concorrer qualquer das condições da ação, como a possibilidade jurídica, a legitimidade das partes e o interesse processual.

A causa da extinção da ação foi apontada como sendo a **falta de possibilidade jurídica,** porquanto não se poderia obrigar a Massa Falida a entregar uma coisa que nunca esteve em sua posse e ela não assumiu compromissos de depositária. Não se poderia também obrigá-la a entregar o equivalente em dinheiro, pois ela não era devedora. Os outros dois motivos também foram aventados: a Massa Falida não é **parte legítima** na ação de depósito visto que ela não era depositária do bem alienado; igualmente foi lembrado o **interesse processual** – o processo seria mera burocracia, com gastos inúteis e sem qualquer resultado prático.

Essa sentença foi aprovada por unanimidade pelo Superior Tribunal de Justiça.

O que restou ao credor foi a possibilidade de habilitar seu crédito no procedimento falimentar, como credor quirografário.

18. DA AÇÃO DE EXECUÇÃO POR QUANTIA CERTA

18.1. Os vários tipos de execução
18.2. As medidas são optativas
18.3. O executivo fiscal
18.4. Aplicação subsidiária

18.1. Os vários tipos de execução

Esta ação é normalmente chamada de **execução**. Anteriormente recebia também o nome de executivo. O Decreto-lei 911/69 chama-a de **ação executiva**, nome pouco utilizado na linguagem forense em nossos dias. Seu nome dado pelo Código de Processo Civil é o mais longo dado às ações judiciais: AÇÃO DE EXECUÇÃO POR QUANTIA CERTA CONTRA DEVEDOR SOLVENTE; completa-se o nome com as expressões POR TÍTULO EXECUTIVO JUDICIAL ou POR TÍTULO EXECUTIVO EXTRAJUDICIAL. As duas espécies de execução tem uso nos processos referentes à AFG.

A AÇÃO DE EXECUÇÃO POR QUANTIA CERTA CONTRA DEVEDOR SOLVENTE POR TÍTULO EXECUTIVO JUDICIAL é aplicada quando o título que dá causa à ação é uma sentença judicial condenatória para pagar a determinada pessoa uma importância líquida e certa. É o que ocorre quando o fiduciário é condenado a entregar o bem alienado ou determinada importância em dinheiro.

O outro tipo de ação ocorre quando a causa da execução é um título executivo extrajudicial, como **nota promissória** ou **letra de câmbio**, ou **duplicata.**

Vejamos quando acontecem esses dois tipos de ação com referência à AFG. Ela é subsidiária a outras ações, normalmente à ação de busca e apreensão e à ação de depósito. Seu fundamento está exposto no artigo 4º do Decreto-lei 911/69, que julgamos melhor transcrever para depois comentar.

> *Se o credor preferir recorrer à ação executiva ou, se for o caso, ao executivo fiscal, serão penhorados, a critério do autor da ação, bens do devedor quantos bastem para assegurar a execução.*

O primeiro tipo é quando a ação é empreendida como alternativa das outras duas. Se o fiduciante não devolve o bem ou não paga, o fiduciário executa a dívida desde que esta seja representada por um título de crédito, o que muitas vezes acontece. O fiduciário, ou seja, a Financeira, concede o financiamento para a aquisição de uma coisa, com AFG. Porém, para maior segurança de seu crédito, ela saca letra de câmbio que é aceita pelo fiduciante. Não é somente por segurança, mas a **financeira** repassa depois essa letra de câmbio no mercado de capitais para obter mais dinheiro. Se a dívida não for paga, o credor executa-a utilizando a letra de câmbio: é então a cobrança de uma letra de câmbio, independente da AFG. É possível que a letra de câmbio tenha um avalista; a execução se dirige também contra o avalista. Nesse caso, poderá haver avalista, pois o aval é uma declaração cambiária, isto é, só admissível num título de crédito, não num contrato.

Ao entrar com a ação, o exequente requer a citação dos executados – o aceitante e o avalista – para pagar em três dias, passados os quais serão penhorados tantos bens quantos bastem para a garantia do débito.

É possível que o título executivo seja o próprio contrato de alienação fiduciária em garantia. Diz a lei que é título executivo o contrato contendo promessa de pagamento em dinheiro por quantia certa, com duas testemunhas. Não poderá haver, neste caso, avalista, mas poderá haver fiador, pois um contrato pode ser garantido por fiança. O fiador será responsável pelas obrigações do fiduciante, caso este não as cumpra. Por essa razão, o fiador será também intimado do processo de execução.

Vendidos os bens em leilão, o fruto da venda servirá para pagar o débito e o que sobrar ficará à disposição do devedor, que poderá levantá-lo, encerrando-se o processo.

18.2. As medidas são optativas

As três medidas assecuratórias dos direitos do fiduciário são optativas, podendo ele escolher a que melhor lhe aprouver. A opção por uma das medidas não representa renúncia à AFG, mas renúncia às outras duas medidas. Se o credor entra com ação de busca e apreensão, por exemplo, não poderá entrar concomitantemente com ação de depósito ou de execução.

No tocante às garantias fidejussórias, a opção também inviabiliza algumas outras; se o credor optar pela execução do contrato de alienação fiduciária, não poderá responsabilizar o avalista da letra de câmbio, pois este não faz parte do contrato (como vimos, a aval é dado somente em título de crédito). Se o contrato tiver fiador, poderá voltar-se contra o fiador.

Por outro lado, se o credor executar a letra de câmbio, poderá executar o avalista dela, mas não o fiador do contrato, uma vez que este está ligado ao contrato e não à letra de câmbio. Há outra discriminação: se o credor executar a letra de câmbio, o valor da causa será o valor do título, enquanto se executar o contrato o valor pode ser diferente e se incluem as despesas do contrato.

Vamos dar um exemplo: um cliente adquire um automóvel, com financiamento da **financeira**, ao preço de R$70.000,00, mas dá em pagamento seu carro antigo no valor de R$20.000,00. Como o valor do financiamento é de R$50.000,00, a letra de câmbio será desse valor, diferente, portanto, do valor do contrato.

O credor promove a venda do bem, mas este é vendido a preço inferior ao da dívida, sobrando então um saldo. O credor cobra esse saldo por meio da ação de execução. Há outra situação: na busca e apreensão, o bem alienado não é encontrado e o credor não conseguirá reaver seu crédito; apela então para a ação executiva, visando a penhorar outros bens do devedor.

18.3. O executivo fiscal

Causa espécie a afirmação de que o credor-fiduciário poderá optar pela execução, ou *"se for o caso, pelo executivo fiscal."* Não se vê como a execução fiscal possa ser aplicada na AFG. Usaremos sempre o termo execução fiscal, uma vez que o nome de executivo fiscal foi abolido pela legislação posterior a 1969. Esse tipo de ação judicial é privativo do Poder Público e muito utilizado nas dívidas oriundas de impostos, taxas, multas e outros débitos para com o Fisco; aliás, o próprio termo fiscal limita o uso dessa ação reservada ao Fisco. Em outras palavras, somente o Governo pode ser autor da execução fiscal; somente ele está apto ao exercício dessa ação.

Por outro lado, o fiduciário de coisas móveis somente pode ser a sociedade de financiamento, crédito e investimento, que é uma empresa privada, não sendo atribuída ao Poder Público a possibilidade dessa função. Entretanto, a Lei 9.514/97 introduziu a alienação fiduciária de coisas imóveis e o principal financiador da aquisição de imóveis residenciais é a CEF – Caixa Econômica Federal, que é uma autarquia e poderá exigir a alienação fiduciária, aliás, como vem praticando. A Lei 9.514/97 traz uma seção referente à AFG, abrangendo os artigos 22 a 33. Contudo, a adoção da AFG em imóveis é de 1997, bem após 1969, quando o Decreto-lei 911/69 falou em *"execução fiscal"*.

Outras instituições públicas também estão em condições de aplicar a AFG, como é o caso do BNDES – Banco Nacional do Desenvolvimento Econômico e Social, que financia aquisição de equipamentos industriais e vários outros tipos de financiamentos. E o BNDES é banco público. Pelos idos de 1969, o INSS realizava acordos com empresas devedoras e se garantia de diversas formas, inclusive algumas com feições de AFG. Por essas razões, não foi de todo um disparate o apontamento da execução fiscal pelo Decreto-lei 911/69.

Surge ainda outra questão. A execução fiscal é regulada pela Lei 6.830/99, que dispõe sobre a cobrança de dívida ativa da Fazenda Pública, também chamada de Lei das Execuções Fiscais. O foro competente é a Vara da Fazenda Pública. Em vez disso, a AFG, regida pelo Decreto-lei 911/69 corre na Justiça Civil. Pelo que se vê são processos distintos, cada qual correndo em sua vara respectiva.

Ninguém conseguiu compreender a expressão "executivo fiscal", visto que esse tipo de ação é peculiar ao Poder Público. Por outro lado, o processo de execução terá que ser baseado em título executivo judicial ou extrajudicial. Por isso, o credor deverá requerer no processo de busca e apreensão a condenação do fiduciante ao pagamento do saldo faltante. Vamos explicar melhor essas situações.

No tocante ao executivo fiscal, será a execução na Vara da Fazenda Pública de algum débito fiscal, como impostos não recolhidos. A Fazenda Pública entrará com executivo fiscal para obter o pagamento do imposto. Todavia, não se trata de débito fiduciário, mas tributário.

18.4. Aplicação subsidiária

Afirmam alguns juristas que a ação de execução só cabe se a ação de busca e apreensão resultar infrutífera, ou também a de depósito. Acham outros que a ação de execução possa ser intentada de plano, ficando de lado as duas outras. Talvez essa discussão seja inócua, mas é evidente que a ação direta é pelo menos ilógica. Se o credor tem à disposição a ação de busca e apreensão e a ação de depósito, que são mais eficazes, para que apelar para ação de execução, que é mais trabalhosa e menos eficiente? Se o artigo diz que se houver mora ou inadimplemento do devedor, o credor poderá vender a coisa a terceiros, por que irá ele requerer à Justiça para

152

que esta venda o bem, após processo trabalhoso e custoso? E o processo de execução dá ao devedor ampla defesa, recursos e protelações.

A ação de execução, em nosso parecer, só cabe após o procedimento das medidas assecuratórias e somente deve ser aplicada se a ação de busca e apreensão revelar-se inócua ou o valor apurado na venda do bem for insuficiente. Trata-se de um crédito quirografário, sem garantia, uma vez que a coisa alienada não mais existe. Resta então ao credor executar o saldo faltante, pedindo a penhora dos bens do devedor, tantos quantos bastem para garantir seu crédito e levá-los a leilão.

Deixando de lado essas discussões, devemos concluir que a ação de execução não deve ser intentada a não ser depois do fracasso da ação de busca e apreensão e da ação de depósito. A execução é a terceira alternativa. E ainda mais: existe uma coisa garantindo a obrigação que é a coisa alienada. Não é possível ao credor pedir a penhora dessa coisa, pois ela pertence ao próprio credor; a penhora deve recair sobre bens do devedor. Se existe um bem reservado para a garantia, por que procurar bens do devedor, cuja existência e localização sejam duvidosos?

A ação executiva a que estamos nos referindo não está regulada pelo Decreto-lei 911/69, razão por que segue as normas previstas pelo Código de Processo Civil, no Capítulo IV, nos artigos 646 a 795. É interessante notar que essas normas apresentam aspecto especial, prevista no parágrafo único do artigo 5º, ao dizer que não se aplica à alienação fiduciária o disposto nos incisos VI e VIII do artigo 649 do Código de Processo Civil. Por esse parágrafo ficam incluídos na possibilidade de penhora: o seguro de vida e a pequena propriedade rural, assim definida em lei, desde que trabalhada pela família. Fora da alienação fiduciária, o artigo 649 do CPC considera esses bens absolutamente impenhoráveis.

19. ALIENAÇÃO FIDUCIÁRIA DE IMÓVEIS

19.1. A inovação no sistema

19.2. A finalidade da garantia

19.3. As partes

19.4. Do contrato

19.5. Requisitos do contrato

19.6. Da propriedade resolúvel de coisa imóvel

19.7. Consequências do inadimplemento do devedor

    19.7.1. A posse também é resolúvel

    19.7.2. Constituição do devedor em mora

    19.7.3. Purgação da mora

    19.7.4. A consolidação da propriedade

    19.7.5. O leilão

    19.7.6. Reintegração na posse

19.8. Bens objeto de alienação

    19.8.1. A regulamentação

    19.8.2. Bens enfitêuticos

    19.8.3. Uso especial para fins de moradia

    19.8.4. Propriedade superficiária

    19.8.5. Alienação fiduciária de imóvel alugado

    19.8.6. Direito real de uso, desde que suscetível de alienação

    19.8.7. O direito de superfície

19.1. A inovação no sistema

O ano de 1997 trouxe a criação de novo instituto revolucionador da alienação fiduciária, ao prever a aplicação dessa garantia a bens imóveis, quando ele era reservado, até então, a bens móveis. Na verdade, não foi lei preparada para esse tipo de garantia, mas para estabelecer o Sistema Financeiro Imobiliário e alargar as formas de financiamento para a aquisição de imóveis. Estamos falando da Lei 9.514/97.

Essa lei aproveitou o ensejo para trazer ao financiamento de imóveis o sistema da AFG, antes só aplicável a coisas móveis. Estabeleceu-a no Capítulo II, denominado **Da Alienação Fiduciária de Coisa Imóvel**, ocupando os artigos 22 a 33, doze artigos bem minuciosos sobre o contrato. Um conceito dado pela Lei que a criou é citado no artigo 22:

> *A alienação fiduciária regulada por essa Lei é o negócio jurídico pelo qual o devedor ou fiduciante, com o escopo de garantia, contrata a transferência ao credor, ou fiduciário, da propriedade resolúvel de coisa imóvel.*

Pelo que se vê é uma modalidade de garantia real, dizendo a Lei ser com escopo de garantia. O devedor (ou fiduciante) transfere a propriedade resolúvel sem perdê-la: ela não entra no patrimônio do fiduciário. O fiduciante só perderá a propriedade do imóvel se não pagar as prestações de seu débito. Ocorrerá neste caso a consolidação da propriedade; com ela o fiduciário é investido como proprietário do imóvel.

A expressão **com escopo de garantia** é muito sugestiva, dando a essa aplicação do instituto da AFG uma conotação diferente da que é aplicada em relação a bens móveis e à propriedade resolúvel. A transferência do imóvel ao fiduciário não possui tanta força como se fosse um automóvel. Bastaria dizer que nessa transmissão da propriedade do imóvel não se paga imposto de transmissão, enquanto na transmissão do automóvel são pagos os impostos.

19.2. A finalidade da garantia

A finalidade dessa garantia é desenvolver a aquisição da casa própria, tendo destarte elevado alcance social, mormente num país carente de moradias como o Brasil. Essa propriedade é sagrada e dificilmente pode ser combatida ou turbada. Retrato dessa força foi a lei que considera a moradia como bem de família, sendo, portanto, isenta de constrição judicial, como a penhora. Diz até um ditado jurídico italiano que o ser humano é tão apegado à sua casa que, até depois de morto, será preciso a força de quatro homens para tirá-lo de lá.

Vamos citar outra peculiaridade dessa garantia: a expressão do artigo 22 de que o fiduciante **contrata** transferir ao fiduciário a propriedade resolúvel de coisa imóvel. Todavia, a lei e a doutrina deixam entender que na alienação de coisa móvel o fiduciante transfere a propriedade resolúvel de coisa móvel, como é o caso de um automóvel. Há diferença entre as duas situações. Podemos estabelecer comparação entre os dois contratos:

CONTRATO DE PROMESSA DE COMPRA E VENDA DE IMÓVEL – O promitente **contrata transferir** ao promissário o seu imóvel.

CONTRATO DE COMPRA E VENDA DE IMÓVEL – O vendedor **transfere** ao comprador o imóvel.

Há, por conseguinte, diferença entre **contratar e transferir e transferir.**

Sugestivo será também observar as consequências do inadimplemento do devedor-fiduciante. Se ele não pagar as prestações, poderá perder o bem dado em garantia fiduciária, porém notaremos diferenças entre a forma de apropriação pelo credor-fiduciário de um automóvel e de um imóvel.

Se o devedor-fiduciante do automóvel não pagar, o credor-fiduciário imediatamente assume os direitos do bem, pois ele já é o proprietário resolúvel e possuidor indireto da coisa alienada. Poderá requer a busca e apreensão do automóvel, caso o devedor não o entregue: não precisará de outros trâmites. Essa questão, ou seja, se tratar de coisa móvel, está prevista no Decreto-lei 911/69:

> *No caso de inadimplemento ou mora nas obrigações contratuais garantidas mediante alienação fiduciária, o proprietário-fiduciário ou credor poderá vender a coisa a terceiros, independentemente de leilão, hasta pública, avaliação prévia ou qualquer outra medida judicial ou extrajudicial, salvo disposição expressa em contrário prevista no contrato.*

Tratando-se de coisa imóvel, a situação será diferente. O devedor-fiduciante deverá ser constituído em mora e o credor-fiduciário deverá requerer ao Cartório de Registro de Imóveis em que o imóvel estiver registrado para que intime o devedor-fiduciante a pagar e, se não o fizer, será cancelada a alienação fiduciária. Em seguida, o imóvel irá a leilão. Essas medidas não ocorrem na alienação fiduciária de coisa móvel.

19.3. As partes

Deixamos de citar propositadamente o parágrafo único do artigo 22 para cuidar dele especialmente. Ei-lo:

> *A alienação fiduciária poderá ser contratada por pessoa física ou jurídica, não sendo privativa das entidades que operam no Sistema de Financiamento Imobiliário.*

Conforme foi examinado, a alienação fiduciária em garantia é efetuada com um tipo especial de instituição financeira denominada Sociedade de Financiamento, Crédito e Investimentos para coisas móveis; só este tipo de instituição financeira pode realizar a AFG. Quando se tratar de bens imóveis, é facultado a qualquer pessoa, física ou jurídica, a prática desse contrato de garantia. As instituições financeiras que fazem parte do Sistema Financeiro Imobiliário estão previstas na Lei 9.514/97, a saber: Caixa Econômica, bancos de investimentos, banco com carteira de crédito imobiliário, as sociedades de crédito imobiliário, as associações de poupança e empréstimo, as companhias hipotecárias, e, a critério do Conselho Monetário Nacional, outras entidades. Geralmente, entretanto, o contrato é estabelecido por intermédio das incorporadoras de edifícios.

19.4. Do contrato

Trata-se de contato bilateral entre duas partes identificadas pela lei como fiduciante e fiduciário. Vulgarmente o fiduciante é chamado de devedor e o fiduciário de credor, mas essa classificação é no contrato do mútuo, adjeto ao de alienação fiduciária. Na alienação fiduciária propriamente dita é adotada a designação de fiduciante ou alienante para o autor da alienação. Para o destinatário da alienação é atribuída a designação de fiduciário. Aliás, os sufixos **ante, ente** e **inte** são próprios para o autor da ação e **ário** para o destinatário, como nos exemplos: mandante-mandatário, comodante-comandatário, promitente-promissário, arrendante-arrendatário, comitente-comissário, endossante-endossatário.

19.5. Requisitos do contrato

Tem que ser contrato escrito, por instrumento particular ou público, e deve ser registrado no Cartório de Registro de Imóveis. Diz o artigo 23 que a propriedade fiduciária de coisa imóvel é constituída mediante registro do contrato que lhe serve de título. Com a constituição da propriedade fiduciária, dá-se o desdobramento da posse, tornando-se o fiduciante possuidor direto e o fiduciário possuidor indireto da coisa imóvel.

É contrato solene, formal. A lei traça para ele as linhas básicas, apontando os sete elementos obrigatórios, abaixo indicados:

1. O valor do principal da dívida.
2. O prazo e as condições de reposição do empréstimo ou do crédito do fiduciário; mais precisamente, será o vencimento da dívida, o número e o valor das prestações.
3. A taxa de juros e os encargos incidentes.
4. A cláusula de constituição da propriedade fiduciária, com a descrição do imóvel objeto da alienação fiduciária e a indicação do título e modo de aquisição.
5. A cláusula assegurando ao fiduciário, enquanto adimplente. A livre utilização, por sua conta e risco, do imóvel objeto da alienação fiduciária.
6. A indicação, para efeito de venda em público leilão, do valor do imóvel e dos critérios para a respectiva revisão.
7. Cláusula dispondo sobre os procedimentos referentes à execução da dívida, como o leilão e o pagamento.

Ainda que seja celebrado por instrumento privado, este terá força de escritura pública, tanto que deverá ser registrado no Cartório de Registro de Imóveis. Pela própria natureza, da alienação fiduciária em garantia, é obrigação de o fiduciário respeitar a posse direta do fiduciante sobre a coisa, mas, mesmo assim, a lei obriga a inclusão de cláusula nesse sentido, ou nos próprios termos: *cláusula assegurando ao fiduciante, enquanto adimplente, a livre utilização, por sua conta e risco, do imóvel objeto da alienação fiduciária.* Deixa claro, contudo, duas condições: enquanto adimplente, pois se falhar neste aspecto, a posse do fiduciante ficará abalada; outro aspecto ressaltado é o de que a posse pelo fiduciante será por sua conta e risco, devendo cuidar de defender o bem alienado.

19.6. Da propriedade resolúvel de coisa imóvel

Já tínhamos registrado que a legislação e a doutrina a respeito da alienação fiduciária de imóveis chama a propriedade resolúvel de propriedade fiduciária, enquanto essa expressão está ausente para as coisas móveis. É frisante o caráter especial da alienação fiduciária de imóveis.

Nos dois casos, porém, a resolução da alienação fiduciária se processa com o pagamento da dívida e seus encargos. Entende-se por dívida o saldo devedor da operação da alienação fiduciária, incluídos os juros convencionais, as penalidades e demais encargos.

Paga a dívida, no prazo de trinta dias, a contar da data de sua liquidação, o fiduciário deverá dar ao fiduciante o respectivo termo de quitação, sob pena de multa a favor deste, equivalente a meio por cento ao mês ou fração, sobre o valor do contrato. À vista do termo de quitação, o Oficial do Registro de Imóveis em que o imóvel alienado estiver registrado efetuará o cancelamento do registro da propriedade fiduciária.

19.7. Consequências do inadimplemento do devedor

19.7.1. A posse também é resolúvel

Vamos retornar ao ponto básico de nossas considerações. No contrato de alienação fiduciária em garantia, o fiduciante transfere ao fiduciário, em caráter temporário, seus direitos de propriedade do imóvel alienado. Essa transferência temporária e precária, sob condição resolutiva, repousa no ânimo de formar direito real de garantia e não de transferir o imóvel. Com o pagamento do empréstimo, ou mais precisamente, da dívida, resolve-se a propriedade fiduciária sobre o imóvel e assim entra o fiduciante na posse e propriedade plena do imóvel.

19.7.2. Constituição do devedor em mora

Todavia, há possibilidade de ele não pagar a dívida, e complexas consequências deverão advir do inadimplemento. O primeiro passo será a constituição em mora do devedor-fiduciante, para depois se consolidar a propriedade do imóvel em nome do fiduciário. A consolidação consiste em investir o fiduciário nos direitos sobre o imóvel alienado.

Esse processo extrajudicial deve iniciar pela intimação do fiduciante por requerimento do fiduciário, a ser feito ao Oficial do Registro de Imóveis, para satisfazer a prestação vencida e as que se vencerem até a data do pagamento, os juros convencionais, as penalidades e os demais encargos contratuais, os encargos legais, inclusive tributos, as contribuições condominiais imputáveis ao imóvel, além das despesas de cobrança e de intimação. Será dado ao fiduciante o prazo de quinze dias para esse adimplemento.

O contrato definirá o prazo de carência após o qual será expedida a intimação, que será feita na pessoa do fiduciante ou de seu representante legal, ou ao procurador regularmente constituído. Por solicitação do Oficial de Registro de Imóveis, poderá ser promovida pelo Oficial do Registro de Títulos e Documentos da comarca em que estiver situado o imóvel ou do domicílio de quem deve recebê-la, ou pelo Correio com aviso de recebimento.

Quando o fiduciante, ou seu representante legal ou procurador regularmente constituído, se encontrar em outro local, incerto e não sabido, o oficial certificará o fato, cabendo então ao oficial do competente Registro de Imóveis promover a intimação por edital, publicado três dias, pelo menos, em um dos jornais de maior circulação local ou noutro de comarca de fácil acesso, se no local não houver imprensa diária.

19.7.3. Purgação da mora

Purgada a mora no registro de Imóveis, convalescerá o contrato de alienação fiduciária. O Oficial do Registro de Imóveis, nos três dias seguintes à purgação da mora, entregará ao fiduciário as importâncias recebidas, deduzidas as despesas de cobrança e de intimação.

19.7.4. A consolidação da propriedade

Se decorrer esse prazo de três dias sem a purgação da mora, o oficial do competente Registro de Imóveis, certificando esse fato, promoverá a averbação na matrícula do imóvel, da **consolidação da propriedade em nome do fiduciário**, à vista da prova do pagamento por este, do imposto de transmissão *inter vivos* e, se for o caso, do laudêmio. O fiduciante pode, com a anuência do fiduciário, dar seu direito eventual ao imóvel em pagamento da dívida.

19.7.5. O leilão

Uma vez consolidada a propriedade em seu nome, o fiduciário, no prazo de trinta dias, contados da data do registro da consolidação, será realizado o segundo leilão, nos quinze dias seguintes. Se no primeiro leilão público, o maior lance oferecido for inferior ao valor do imóvel, será realizado o segundo leilão, nos quinze dias seguintes. No segundo leilão, será aceito o maior lance oferecido, desde que igual ou superior ao valor da dívida, das despesas, dos prêmios de seguro, dos encargos legais, inclusive tributos, e das contribuições condominiais. Quando aqui se fala em dívida, entende-se o saldo devedor da operação de alienação fiduciária, na data do leilão, nele incluídos os juros convencionais, as penalidades e os demais encargos contratuais; e mais as despesas, como a soma das importâncias correspondentes aos encargos e custas de intimação e as necessárias à realização do leilão publico, nestas compreendidas as relativas aos anúncios e à comissão do leiloeiro.

Nos cinco dias que se seguirem à venda do imóvel em leilão, o credor entregará ao devedor a importância que sobejar, considerando-se nela compreendido o valor da indenização de benfeitorias, depois de deduzidos os valores da dívida e das despesas e encargos previstos na lei, fato esse que importará em recíproca quitação. Se, no segundo leilão, o maior lance oferecido não for igual ou superior ao valor da dívida e despesas, considerar-se-á extinta a dívida e exonerado o credor da obrigação de devolver o que sobejar. Nesta hipótese, o credor, no prazo de cinco dias a contar da data do segundo leilão, dará ao devedor a quitação da dívida, mediante termo próprio.

19.7.6. Reintegração na posse

É assegurada ao fiduciário, seu cessionário ou sucessores, inclusive o adquirente do imóvel por força do leilão público, a reintegração na posse do imóvel, que será concedida liminarmente, para desocupação, em 60 dias, desde que comprovada a consolidação da propriedade em seu nome.

19.8. Bens objeto de alienação

19.8.1. A regulamentação

Nossa legislação não faz referência aos tipos de imóveis abrangidos pela alienação fiduciária em garantia, o que abre o leque de aplicações a quaisquer imóveis. Geralmente é para residências, pois o maior objetivo do Sistema Financeiro Imobiliário é a aquisição da casa própria. Poderá ser uma casa ou um apartamento. Entretanto, não só residencial, mas pode ser imóveis de fins empresariais; pode ser imóvel urbano ou rural.

Um passo sugestivo foi dado recentemente pela Lei 10.481/2007, modificando a Lei 9.636/80 sobre a regularização, administração, aforamento e alienação de bens imóveis de domínio da União. Essa lei introduziu modificações também na Lei 9.514/97, que institui a alienação fiduciária em garantia sobre imóveis. Alargou essa aplicação em três casos: 1. bens enfitêuticos, em que será exigível o pagamento do laudêmio, se houver a consolidação do domínio útil do fiduciário; 2. o **direito de uso especial para fins de moradia**; 3. o **direito real de uso**, desde que suscetível de alienação; e 4. a **propriedade superficiária**.

19.8.2. Bens enfitêuticos

Vamos falar primeiro sobre os bens enfitêuticos. O termo enfiteuse é de origem grega, o que nos leva a crer que os romanos devem ter trazido esse instituto jurídico da antiga Grécia. A **enfiteuse**, também chamada **aforamento** ou **emprazamento**, é o direito de usar, gozar e até dispor, por tempo limitado ou ilimitado, de um imóvel alheio; é, portanto, um direito real, o *jus in re aliena (*direito sobre coisas alheias). Pela enfiteuse o proprietário de um imóvel rural, chamado senhorio, concede a uma pessoa física ou jurídica o direito de usar seu imóvel, explorando-o economicamente; esse usuário é chamado enfiteuta. Pode ser estabelecido por ato *inter vivos* ou de última vontade.

Adquirindo o domínio útil, com o direito de usar o imóvel do senhorio, o enfiteuta assume, por seu turno, a obrigação de cuidar do imóvel e mantê-lo em bom estado, e o pagamento ao senhorio de uma taxa anual de 2,5 por cento do preço da enfiteuse, denominada laudêmio.

É um direito alienável e transmissível, podendo ser transferido aos herdeiros e a outras pessoas. Por isso, pode ser usado na alienação fiduciária em garantia; o enfiteuta transmite a um terceiro o domínio útil do imóvel; o qual poderá exercer o uso e gozo do imóvel, e poderá também transferi-lo a outrem. É, pois, um direito de uso, gozo e disposição da coisa. Não é o imóvel que se transfere, mas os direitos sobre ele.

A enfiteuse foi regulada na antiga Roma para valorizar e aproveitar áreas rurais. O proprietário de um imóvel rural não tinha interesse ou condições para explorá-lo e, em vista dessa impossibilidade, concede autorização a outrem para que cultive e valorize aquele imóvel. Essa autorização é normalmente concedida a prazo bem longo, como, por exemplo, meio século. O senhorio poderá recuperar o domínio útil do móvel se pagar ao enfiteuta, pois entregou a ele um imóvel improdutivo e recebeu-o de volta, produtivo e valorizado.

Em São Paulo existe um exemplo bem sugestivo, com um vasto terreno pertencente à União, e abandonado, sendo usado pela Prefeitura como depósito de lixo. O Governo Federal concedeu enfiteuse a uma construtora, que montou conjunto residencial com residências de luxo. Ocupado aquele terreno, a União concedeu enfiteuse de outro e mais outro, de tal forma que surgiu uma vasta cidade. A União arrecada valoroso laudêmio por essa concessão. As residências desses conjuntos, denominados Alfa-

165

ville, são transmissíveis à vontade, podendo ser ofertadas em alienação fiduciária em garantia.

19.8.3. Uso especial para fins de moradia

Outra inovação foi também a alienação fiduciária em garantia de uso especial de moradia. É outro tipo de *jus in re aliena*, pelo qual uma pessoa física que more num imóvel por mais de cinco anos pode adquirir o direito de uso especial em relação ao bem objeto da posse. É bem diferente da enfiteuse: esta se aplica a imóveis rurais; o uso especial para fins de moradia aplica-se a imóveis urbanos. Esse direito é alienável e transmissível *causa mortis* ou *inter vivos* e, como tal, pode ser dado em alienação fiduciária em garantia.

É preciso que o usuário não seja proprietário de outro imóvel urbano ou rural. É concedido gratuitamente a homem ou mulher. Está previsto no artigo 183 da Constituição Federal e regulamentado pela Medida Provisória 2.220/2001. Vamos transcrever esse dispositivo constitucional:

> *Aquele que possuir, como sua, área urbana de até 250 mts. 2, por cinco anos, ininterruptamente e sem oposição, utilizando-a para sua moradia ou de sua família, adquirir-lhe-á o domínio, desde que não seja proprietário de outro imóvel urbano ou rural.*
>
> *§ 1º – O título de domínio e a concessão de uso serão conferidos ao homem, ou à mulher, independentemente do estado civil.*
>
> *§ 2º – Esse direito não será reconhecido ao mesmo possuidor mais de uma vez.*

19.8.4. Propriedade superficiária

Essa espécie de propriedade decorre do **direito de superfície**, regulamentado pela Lei 10.257/2001. É um direito real, concedido pelo proprietário de um terreno urbano, mediante escritura pública registrada no Cartório de Registro de Imóveis. O direito de superfície abrange o direito de utilizar o solo, subsolo ou o espaço aéreo relativo ao terreno, na forma estabelecida no contrato respectivo, atendida a legislação urbanística. A concessão do **direito de superfície** poderá ser gratuita ou onerosa. Ela está regulamentada pelo novo Código Civil, nos artigos 1.369 a 1.377.

É passível de transferência a terceiros, por ato *inter vivos*, obedecidos os termos do contrato respectivo; é transferível também aos herdeiros por sucessão ou testamento. É possível ainda a concessão por tempo determinado ou indeterminado. O direito de superfície não autoriza obra no subsolo, salvo se for inerente ao objeto da concessão. O superficiário responderá pelos encargos e tributos que incidirem sobre o imóvel.

Se o imóvel ou o direito de superfície for vendido, o superficiário (ou concessionário) e o proprietário, respectivamente, terão preferência, em igualdade de condições à oferta de terceiros. Quem adquirir o imóvel herdará também o ônus: responderá integralmente pelos impostos e tributos que incidirem sobre a propriedade superficiária. Arcará, ainda, proporcionalmente à sua parcela de ocupação efetiva, com os encargos e tributos sobre a aérea objeto da concessão do direito de superfície, salvo disposição em contrário do contrato respectivo.

O direito de superfície está ainda regulamentado pela Lei 10.257/2001, o Estatuto da Cidade, juntamente com o direito real de uso. Faculta essa lei a oferta do direito de superfície em garantia fiduciária transferível a terceiros.

19.8.5. Alienação fiduciária de imóvel alugado

É possível que o imóvel colocado em alienação fiduciária em garantia esteja alugado a terceiro. Nesse caso, se o imóvel tiver sido consolidado ao fiduciário, a locação poderá ser denunciada, com o prazo de 30 dias para desocupação, salvo se tiver havido aquiescência por escrito do fiduciário. A denúncia deve ser realizada no prazo de 90 dias a contar da data da consolidação da propriedade ao fiduciário. Essa condição deve constar expressamente em cláusula contratual específica, destacando-se das demais por sua apresentação gráfica.

19.8.6. Direito real de uso, desde que suscetível de alienação

O direito real de uso é a concessão que o Poder Público dá a outras pessoas para usar e explorar um imóvel público, visando ao interesse social. Foi considerado como *jus in re aliena* e passível de transferência e de alienação fiduciária pela Lei 11.481/2007, que deu nova redação ao Decreto-lei 271/67 sobre o loteamento urbano. Vejamos como ficou o artigo 7 desse Decreto-lei:

É instituída a concessão de uso de terrenos públicos ou particulares, remunerada ou gratuita, por tempo certo ou indeterminado, como direito real resolúvel, para fins específicos de regularização fundiária de interesse social, industrialização, edificação, cultivo da terra, aproveitamento sustentável das várzeas, preservação das comunidades tradicionais e seus meios de subsistência ou outras modalidades de interesse social em áreas urbanas.

O direito real de uso baseia-se em princípios parecidos com os da enfiteuse e do direito de uso especial para fins de moradia, embora tenha algumas peculiaridades. Destina-se a ocupar melhor os imóveis abandonados ou improdutivos, valorizando-os e dando melhores condições de vida à população carente. Apesar do objeto social, também pode ser explorado pelo concedente, ao cobrar remuneração pelo benefício concedido. Pode ser imóvel urbano ou rural e sua exploração pelo concessionário (ou usuário) pode ser de diversos tipos: agropecuários, montagem de pequeno negócio ou de uma escola.

Obedecendo aos preceitos do Decreto-lei 271/67, cada Prefeitura Municipal promulga normas para sua cidade, pois o direito real de uso é comumente concessão municipal. Algumas prefeituras só concedem a quem já ocupe o imóvel, ou então, só para concretizar projetos específicos, como escolas, hospitais ou indústria que aproveite mão de obra local. Outras exigem que o usuário não tenha outro imóvel.

A concessão do uso, salvo disposição contratual em contrário, transfere-se por ato *inter vivos*, ou por sucessão legítima e testamentária, como os demais direitos reais sobre coisas alheias, registrando-se a transferência. Se o contrato não permitir a transferência, não será possível oferecer em alienação fiduciária em garantia o imóvel, pois a transferibilidade é condição essencial para que possa ser oferecido em alienação fiduciária em garantia. A concessão de uso também deverá ser inscrita e cancelada em livro especial, podendo ser contratada por instrumento público ou particular.

Desde a inscrição da concessão de uso, o cessionário fruirá plenamente do terreno para os fins estabelecidos no contrato e responderá por todos os encargos civis, administrativos e tributários que venham a incidir sobre o imóvel e suas rendas. Esse direito de fruir plenamente do terreno é que poderá ser dado em alienação fiduciária em garantia.

Entretanto, se o concessionário não cumprir os termos da alienação fiduciária em garantia, esses direitos poderão ser consolidados em nome do credor-fiduciário. Em contrapartida, este herdará não só os direitos, mas também as obrigações e encargos, e deverá cumpri-los, como, por exemplo, usar o imóvel para a finalidade prevista no contrato. Se o concessionário der ao imóvel destinação diversa da estabelecida no contrato ou termo, ou descumpra cláusula resolutória do ajuste, a concessão resolve-se, perdendo, neste caso, as benfeitorias de qualquer natureza.

19.8.7. O direito de superfície

O **direito de superfície** foi criado, ou melhor, recriado pela Lei 10.257/2001, que estabeleceu o Estatuto da Cidade, regulamentando-o nos artigos 21 a 23. Mais tarde, o Código Civil de 2002 regulou instituto parecido, num capítulo com o nome **Da Superfície**, nos artigos 1.369 a 1.377. Contudo, esse capítulo é mais geral e o **direito da superfície**, da Lei 10.257/2001, é específico. Esse capítulo é originário do Código Civil italiano, que, com o mesmo nome "Della Superficie", regulou esse instituto nos artigos 952 a 956. Dissemos acima recriou, porquanto essa prática já era adotada antes do código de 1916, abolida por este e ressuscitada agora.

Segundo o artigo 21 da Lei 10.257/2001, o proprietário urbano poderá conceder a outrem o direito de superfície do seu terreno, por tempo determinado ou indeterminado, mediante escritura pública registrada no Cartório de Registro de Imóveis. A concessão do direito de superfície poderá ser gratuita ou onerosa.

Pelo que se pode notar, o contrato de direito de superfície é parecido com o do aluguel. É como se o proprietário do terreno alugasse seu imóvel a outra pessoa, que recebe o nome de superficiário; este faz uso do terreno, plantando ou construindo nele e pagando um aluguel ao proprietário. A diferença é que o direito de superfície pode ser gratuito e o de aluguel é sempre oneroso. As duas partes do acordo, pelo que foi visto, são o proprietário e o superficiário.

Característica sugestiva do direito de superfície é poder ser transferido a terceiros e por morte do superficiário aos seus herdeiros. É um direito real alienável, que pode ser dado em garantia, inclusive em alienação fiduciária. Assim, o beneficiário poderá levantar um empréstimo, dando o direito de superfície em AFG.

O Estatuto da Cidade reserva o direito de superfície apenas ao imóvel urbano, mas essa restrição deixou de constar no Código Civil de 2002, motivo pelo qual pode ser aplicado na área rural, invocando-se as normas do Código Civil.

20. PRISÃO CIVIL DO FIDUCIANTE INADIMPLENTE

20.1. As normas legais
20.2. Reações contra o rigor da lei
20.3. Localização do problema na esfera criminal
20.4. As teorias ao lado da lei
20.5. Casos excepcionais
20.6. O Pacto de São José da Costa Rica
20.7. Os pronunciamentos judiciais

20.1. As normas legais

Questão muito controvertida no âmbito da AFG-Alienação Fiduciária em Garantia é o da prisão civil do fiduciante inadimplente. Se ele não pagar a dívida fiduciária, o credor poderá requerer contra o devedor ou terceiro a busca e apreensão do bem alienado fiduciariamente, a qual será concedida liminarmente, desde que comprovada a mora ou o inadimplemento do devedor. Se o bem alienado fiduciariamente não for encontrado ou não se achar na posse do devedor, o credor poderá requerer a conversão do pedido de busca e apreensão, nos mesmos autos, em ação de depósito.

A esta altura, a ação de busca e apreensão transforma-se em ação de depósito e o devedor-fiduciante é transformado em fiel-depositário. Se ele não apresentar o bem alienado, será o infiel-depositário, e, como tal, sujeito às penas de estilo. É o que ficou previsto no artigo 66 da Lei 4.728/65, que transcrevemos:

> *O devedor que alienar ou dar em garantia a terceiros coisa que já alienara fiduciariamente em garantia ficará sujeito à pena prevista no artigo 171, § 2º do Código Penal.*

O artigo 171 do Código Penal é o que define o crime de estelionato, de tal forma que o devedor fiduciante será considerado estelionatário, e, como tal, sujeito às penas previstas neste artigo do Código Penal, entre as quais a prisão celular. Esse critério é confirmado também pelo artigo 4º do Decreto-lei 911/69, segundo se vê:

> *Se o bem alienado fiduciariamente não for encontrado ou não se achar na posse do devedor, o credor poderá requerer a conversão do pedido de busca e apreensão, nos mesmos autos, em ação de depósito, na forma prevista no Capítulo II, do Título I, do Livro IV do Código de Processo Civil.*

20.2. Reações contra o rigor da lei

Muitos juristas apontaram a legislação fiduciária como draconiana ou, pelo menos, parcial e desequilibrada: dá excessivos poderes à parte mais forte e massacra com responsabilidade a parte mais fraca. Posteriormente o próprio Judiciário passou a aliviar o rigor da lei. Alegam os que combatem a prisão que ela é um *aberratio legis finis* (desvio da finalidade da lei, que é apontada por ela própria), com escopo de garantia. O fiduciante não recebe o bem alienado para guardá-lo e protegê-lo até que o depositante lhe peça de volta, mas para usá-lo como se dono fosse.

No depósito, o depositante é o dono absoluto do bem depositado e poderia pedi-lo de volta a qualquer hora, conforme sua vontade. Não é o que acontece na AFG; o depositante-fiduciário é dono relativo do bem alienado, não absoluto; tem apenas o domínio resolúvel precário e temporário e não poderá pedi-lo de volta à hora que quiser, mas dentro de um prazo previsto e mediante certas condições, como o inadimplemento do depositário-fiduciante.

Outros alegam (e também determinam as decisões jurisprudenciais) haver diferença entre o contrato de depósito e o de AFG, não havendo pontos de conexão e analogia. Associam essa doutrina às disposições do Pacto de San José da Costa Rica, realizado em 1969, sobre direitos humanos. Essa convenção internacional foi aprovada pelo Congresso Nacional pelo Decreto Legislativo 27/92 e promulgada pelo Decreto Executivo 678/92; transformou-se assim em lei nacional, com eficácia em nosso país. Essa convenção condena a prisão por dívida, ainda mais sem um processo específico, e sem ser provocado, mas submetida ao bel talante do juiz.

Há também a alegação de que o sistema jurídico do país prevê várias formas legais para a defesa do credor-fiduciário, não havendo necessidade de medida tão forte contra o devedor fraco. A ação de busca e apreensão é medida dessa natureza. O artigo 5º do Decreto-lei 911/69, vindo logo em seguida ao artigo 4º, que estabelece a prisão do devedor, abre outra medida para a defesa dos interesses do credor fiduciário:

> *Se o credor preferir recorrer à ação executiva ou, se for o caso, ao executivo fiscal, serão penhorados, a critério do autor da ação, bens do devedor quantos bastem para assegurar a execução.*

Vê-se então que a lei civil se ocupa exaustivamente da questão, sem necessidade de se apelar para a esfera criminal.

20.3. Localização do problema na esfera criminal

Para os opositores à prisão, peca doutrinariamente o enquadramento da inadimplência do devedor-fiduciário, que fica situado no Artigo 171 do Código Penal, como sugere § 2º do artigo 66 da Lei do Mercado de Capitais:

O devedor que alienar, ou der em garantia a terceiros, coisa que já alienara fiduciariamente em garantia, ficará sujeito à pena prevista no artigo 171 do Código Penal.

Se formos confrontar essa disposição legal, notaremos diferenças entre os dois procedimentos do indiciado. O crime previsto no artigo 171, ou seja, o estelionato, tem ingredientes que o distinguem muito do procedimento do fiduciante infrator. O estelionato consiste numa tapeação – o estelionatário procura sua vítima para tapeá-la. Convence com sua lábia insidiosa a vítima e faz com que ela se iluda e pratique um ato que lhe trará fatalmente prejuízos e consequentemente lucro ao estelionatário. A má-fé e a maldade sempre caracterizam o estelionatário – ele age conscientemente em detrimento de outrem, com a intenção deliberada de lhe causar dano. Sua origem etimológica é latina, de *estelionatum* (embuste, fraude, erro, engano, ardil). Dá, portanto, um sentido bem delituoso.

O estelionatário é um fraudulento, falcatrueiro, velhaco, trapaceiro. É um ladrão, mas um ladrão finório; ele não age com violência, mas com a astúcia. É um *malandro carioca*, pouco afeito ao trabalho. Geralmente engana as pessoas com um sorriso; muitas vezes prejudica quem lhe presta um favor, um auxílio. É o que se deduz do artigo 171.

O fiduciante, ainda que infrator da lei, não procura o fiduciário com má-fé, com intenção de enganar. Pratica com sua suposta vítima um negócio jurídico lícito e honesto; um ato jurídico comutativo, em que as partes sabem previamente os efeitos do negócio que estão realizando e trazem benefícios para ambas as partes. Normalmente cumpre suas obrigações, mas as circunstâncias o levam excepcionalmente a um ato indevido.

Não se deve então equiparar o fiduciante infrator ao estelionatário; ainda que ele pratique um ato do tipo previsto no artigo 66, e 4º da LMC, não se deve considerá-l o um falcatrueiro, estelionatário, fraudador, velhaco, trapaceiro. Poder-se-ia talvez chamá-lo de infrator penal, não de um criminoso.

20.4. As teorias ao lado da lei

As críticas à prisão civil encontraram resistências por parte de muitos juristas. Alegam estes que a lei é muito clara a este respeito; se ela está errada, merece ser corrigida, mas ninguém tomou a iniciativa de modificá-la. Enquanto não for modificada, devemos obedecê-la. Apegam-se à Teoria Pura do Direito, de Kelsen – a lei tem que ser interpretada em termos jurídicos; a interpretação sob a ótica psicológica ou sociológica é função da psicologia e da sociologia e não do direito. Por isso, juridicamente, a prisão civil do devedor fiduciante infrator da norma deve ser aplicada.

Por outro lado, essa medida não visa a dar poderes ao credor e sim a proteger o crédito, que se tornou desprovido de segurança ante a evolução do tempo e à incidência reiterada de fraudes e simulações que denegriam a credibilidade das operações creditícias. Além disso, se a legislação é inconstitucional, como se propala, deveria haver ação direta de inconstitucionalidade perante a Magna Corte, único órgão competente para declarar se uma lei é constitucional ou não e ela não se pronunciou nesse sentido até agora. Destarte, a prisão civil do devedor inadimplente é constitucional até decisão em contrário do Supremo.

No direito romano, a palavra empenhada era sagrada e constituía a segurança no cumprimento de obrigações – *pacta sunt servanda* (os acordos são para serem cumpridos). O crédito era desde aquela época instituição sólida e segura. No mundo moderno, porém, as garantias foram desprestigiadas e hoje não inspiram mais confiança.

O crédito no mundo moderno exige duas características predominantes: facilidade na sua mobilização e segurança no exercício do direito. A mobilidade do crédito implica a sua livre e fácil circulação, fazendo com que ele favoreça várias pessoas e resolva prontamente a possível carência creditória. A segurança no exercício do direito exige da presença de mecanismos eficazes para que os direitos creditórios sejam exercidos e não apenas reconhecidos. Para isso, criou-se a ação cambiária pela Convenção de Genebra e que ficou regulamentada em nosso Direito Processual com o longo nome de AÇÃO DE EXECUÇÃO POR QUANTIA CERTA CONTRA DEVEDOR SOLVENTE POR TÍTULO EXECUTIVO EXTRAJUDICIAL.

Todavia, as tendências ideológicas dos últimos tempos fizeram com que o credor fosse representado na figura do banqueiro, o magnata de cartola e dotado de plenos poderes, enquanto o devedor era simbolizado pelo trabalhador braçal, um pobre diabo sem direitos e massacrado pela lei, uma vez que a lei era feita para os poderosos. É uma tendência geral, reforçada pelas numerosas comissões de "direitos humanos", pela Igreja Católica, pela imprensa, por políticos, psicólogos, sociólogos e quejandos. E o crédito ficou desamparado em benefício dos "direitos humanos" e satisfação das entidades dessa luta em defesa dos "trabalhadores". Aliás, em defesa dos pobres trabalhadores, todos lutam e estão dispostos a ir à força (desde que seja com o pescoço do vizinho).

A presença desse espírito foi notada recentemente com a promulgação da Lei de Recuperação de Empresas, a Lei 11.101/2005, há cinco anos. Tão logo a lei foi publicada, desencadeou-se virulenta campanha contra ela, surpreendendo os meios jurídicos. O argumento principal era o de que lei priorizava os interesses dos banqueiros contra os dos trabalhadores, malgrado ela não usasse nenhuma dessas expressões e nem dava a entender esse pretenso protecionismo. No fundo era culpa do crédito que veio martirizar o devedor falido, conservando as garantias. O falido passou a ser apontado como um deserdado da sorte, uma vítima da sociedade e do canibalismo financeiro que predomina no país. O ponto fundamental era o de que a falência deve suspender as garantias, principalmente as garantias reais. Poucos conhecem ou reconhecem um provérbio jurídico que diz: *Quanto mais facilidades se concede a quem não paga mais se faz injustiça a quem paga.*

O contrato de AFG é comutativo, porque as partes conhecem previamente seus efeitos e consequências; é de prestações recíprocas, porquanto cada parte tem direitos e obrigações, uma com a outra; é oneroso, uma vez que as partes arcam com ônus e obtém proveitos; é consensual, visto que as partes pensam, discutem e conciliam seus interesses até chegar a um acordo. Ao assinar o contrato, o fiduciante adquire o direito ao bem que aliena em seguida, mas na hora de pagar ele não paga e acha que as obrigações que ele assumiu são draconianas e ilegais; esse é o critério adotado pelos que combatem a prisão civil.

Para financiar a aquisição de bens foi criada um tipo especial de instituição de crédito, *a sociedade de financiamento, crédito e investimentos*, que é um tipo de banco e só este está autorizado pelo Banco Central do Brasil a financiar essas operações. O vultoso capital que essa instituição bancária utiliza para seus financiamentos é proveniente das poupanças populares. Necessário se torna que as poupanças populares sejam remuneradas e tenham segurança nas aplicações. As medidas protetoras ao fiduciante infrator virão em malefício dos milhões de poupadores, afetando a economia popular.

Em consequência, os poupadores irão se retrair e as sociedades de financiamento, crédito e investimentos irão se definhar, enfraquecendo a oferta de crédito. Desaparecerá então a facilidade de crédito para aquisição de bens duráveis, como passou a existir desde que a AFG foi criada. Os bancos só concederão crédito às grandes e sólidas empresas, relegando o consumidor popular à impossibilidade de adquirir bens necessários ao seu conforto. Cessará a impressionante facilidade com que o consumidor popular chega a uma concessionária de automóveis e adquira seu veículo na mesma hora sem despender um só centavo, pagando o preço do carro em suaves prestações mensais. Cairá tremendamente o movimento nos magazines, em que o comprador adquire geladeira, televisor e tantos outros bens nas mesmas condições. Cessará esse serviço, que é chamado de **crédito direto ao consumidor.**

Ante a debilidade do crédito, houve necessidade de se criar novos tipos de garantias mais efetivas, novos mecanismos de sua defesa e desse esforço resultou a AFG. Não quis o novo instrumento jurídico defender os interesses dos banqueiros, mas assegurar a eficácia do crédito e assim ele poderia se ampliar e beneficiar a economia popular. Foi o que aconteceu: impulsionou a indústria automobilística e de aparelhos domésticos, gerando empregos e valorização do trabalho; deu aos brasileiros a possibilidade de ter seu automóvel, que, naquela época era um sonho da mocidade e dos consumidores. Impulsionou ainda os transportes, que puderam contar com veículos que os executassem. E também na movimentação das lojas e magazines. Sem a AFG e a segurança que ela dá ao exercício dos direitos creditórios, nada disso teria acontecido.

Diversos acórdãos tem-se mostrado contra a prisão civil, o que demonstra que há ecos também na nossa Justiça, como:

> *Entre os contratos de depósito e de alienação fiduciária em garantia não há afinidade, conexão teórica entre dois modelos jurídicos, que permita sua equiparação.*

Teremos que entrar em debates doutrinários a este respeito. Vejamos o que diz o *caput* do artigo 66 da Lei do Mercado de Capitais (Lei 4.728/65):

A alienação fiduciária em garantia transfere ao credor o domínio resolúvel e a posse indireta da coisa móvel alienada, independentemente da tradição efetiva do bem, tornando-se o alienante ou devedor em possuidor direto e depositório com todas as responsabilidades que lhe incumbem de acordo com a lei civil e penal.

De acordo com a cristalina disposição do artigo 66, o fiduciante é declarado **depositário do bem alienado**. Assina ele um *pacto comissório* no contrato de alienação fiduciária em garantia, pelo qual ele se confessa depositário e assume as responsabilidades de depositário. Na condição de depositário, fica ele na obrigação de devolver a *res* ao depositante, se houver inadimplemento das obrigações contratualmente estabelecidas e garantias pela lei, sob pena de ser declarado depositário infiel.

20.5. Casos excepcionais

Há realmente casos especiais em que a prisão do fiduciante poderá ser arredada. O TA/PR julgou a apelação civil 49.889, em que o fiduciante provou que o veículo alienado fora roubado e, por isso, não pode apresentar o carro alienado. O tribunal julgou o fato como motivo de força maior, eximindo o fiduciante de responsabilidade pela apresentação da coisa, com o credor devendo suportar a diminuição da garantia.

Outra decisão jurisprudencial que afastou a prisão civil foi a referente a um fiduciante que vendeu o imóvel que ele alienara e desapareceu deixando um saldo devedor. A alienação fora averbada no Cartório de Registro de Imóveis e a venda não afetaria esse registro; em outras palavras, a alienação permaneceu, como fosse uma hipoteca. O fiduciário não chegou a ser prejudicado, pois seus direitos permaneceram. Houve, é certo, a safadeza do fiduciante ao transferir a outrem um bem alienado e quem o adquiriu arcará com as consequências. Todavia, o adquirente de boa-fé poderá empreender ações judiciais contra seu vendedor desleal, estabelecendo outra relação jurídica.

Outra situação que dificulta o uso da prisão civil é quando a AFG recair sobre bem consumível, como sacas de arroz; trata-se de um bem destinado a desaparecer em breve. A AFG não se presta a bens consumíveis e sim a bens duráveis. Além disso, a operação ideal com uso de bens consumíveis é o empréstimo de mútuo com penhor, como acontece com o penhor agrícola e pecuário, largamente utilizados com a **cláusula constituti.** Decisão nesse sentido foi tomada pelo TJ/RS no julgamento do HC 596126722 (Fonte: DJRS de 11.11.96):

> *Se a ação de depósito envolve bens consumíveis e fungíveis, as regras a se aplicarem são as do mútuo, não cabendo a prisão civil do devedor.*

Também, é observado esse critério no caso de AFG em nome de uma empresa falida. Com a falência, a empresa falida perde a guarda e conservação de seus bens, que ficam bloqueados pela Justiça. Ainda que o sócio da empresa falida tenha sido o depositário de um bem, como, por exemplo, um caminhão, ele não poderá ser compelido a entregar o caminhão, pois não tem acesso a ele.

20.6. O Pacto de São José da Costa Rica

É invocada constantemente essa convenção internacional, da qual o Brasil foi signatário, e foi transformada em lei nacional, ao ser aprovada pelo Poder Legislativo graças ao Decreto Legislativo 27/92 e Decreto Executivo 678/92. Realmente, o artigo 7° dessa lei diz que ***ninguém pode ser detido por dívidas.*** É uma afirmação genérica, que veio provocar em nossa doutrina várias discussões. A primeira é a sua aplicação a casos específicos e a segunda a preponderância dessa lei sobre outras leis que com ela confrontam.

Uma questão levantada é a doutrinária: se essa convenção se amolda à prisão civil a que se refere a legislação fiduciária. Alegam seus defensores que o fiduciante infrator não está sendo preso por dívida; ele desde o momento em que celebrou o contrato de AFG fiduciante é devedor e nunca se cogitou de sua prisão. A prisão dele se deve à causa de ele ter-se tornado depositário infiel: quando ele aliena um bem que já tinha alienado, aliena um bem que não mais lhe pertence. Ele exerceu um direito que não tinha: vendeu o que não era seu, e prejudicou várias pessoas ilicitamente em seu benefício. Ele foi duplamente beneficiado: legal e ilegalmente.

Por exemplo: ele se beneficiou legalmente ao obter o financiamento para a aquisição de um automóvel, e, depois, ilegalmente, quando vendeu esse automóvel a outrem. Prejudicou o credor fiduciário não pagando o empréstimo que obteve e prejudicou o comprador do carro alienado, porquanto irá perdê-lo em breve. Portanto, não é o *debitum* o fundamento de sua prisão, mas infidelidade. Abonar essa infidelidade seria estimular a malandragem.

Deixa claro esse parecer o acórdão unânime do Egrégio Superior Tribunal de Justiça no julgamento do HC 2.033/RS, publicado no Diário da Justiça da União em 20.9.1993:

> *A Constituição Federal, em seu artigo 5º, inciso LXVII, não permite a prisão por dívida, exceto em caso de pensão alimentícia e de depositário infiel. O alienante fiduciário é possuidor direto e depositário, com todas as responsabilidades e encargos legais. Daí a prisão civil, não pelo inadimplemento relativo ao mútuo, mas pela infidelidade resultando do não cumprimento das obrigações decorrentes de depósito.*

Quanto ao segundo aspecto, há dúvidas quanto à lei predominante. Será que a norma do Pacto de São José revoga as normas brasileiras já estabelecidas e sedimentadas no Brasil? Incluiria também a própria Constituição Federal, que seria superada por um decreto? Vejamos o que diz nossa constituição no artigo 5º, inciso LXVII:

> *Não haverá prisão civil por dívida, salvo a do responsável pelo inadimplemento voluntário e inescusável de obrigação alimentícia e a do depositante infiel.*

Nossa constituição proíbe a prisão civil por dívida, mas prevê a exceção do depositário infiel. Nossa Constituição estará sendo modificada por um decreto, que aboliu essa exceção? Realmente, uma lei nacional oriunda de um tratado deve ter mais força do que a lei emanada de poder interno, por tratar-se de compromisso do Brasil operante o concerto das nações. Entretanto, por princípios gerais do direito, a lei específica deve prevalecer sobre a lei genérica, e, nesta questão, a AFG é um caso específico, que não deve ser abalado por uma norma vaga e geral. Seria o caso de nova análise, por exemplo, se o Pacto de São José dissesse: **Ninguém** *pode ser detido por dívida oriunda de alienação fiduciária em garantia, se alienar um bem que já fora alienado fiduciariamente.*

Chegamos assim à conclusão de que o Pacto de São José, pelas razões acima expostas, não tem o dom de derrogar a prisão civil de devedor fiduciário que alienar o bem já alienado anteriormente, de acordo com o contrato por ele celebrado e com a lei que rege a matéria.

20.7. Os Pronunciamentos Judiciais

Desde 2005, mais ou menos, nossa jurisprudência vem se manifestando contrária à prisão civil do fiduciante, por diversos pronunciamentos, em vários Estados. Embora não tenhamos a mesma orientação de nossos tribunais, iremos aqui expor algumas decisões, que devem ser respeitadas ou levadas em consideração, ainda que seja por aqueles que não sigam a mesma opinião. Vamos então expor o acórdão do Tribunal de Justiça de São Paulo, ao julgar a Apelação com Revisão, em 3.8.2009, de número 1083460-0/6. Esse acórdão foi extraído da RT. 890/246.

PRISÃO CIVIL – Inadmissibilidade – Alienação fiduciária – Busca e apreensão – Conversão do pedido em ação de depósito – Fiduciante, que não entrega o bem, que não pode ser considerado como depositário – Encarceramento civil de depositário infiel, ademais, que não é aceito no ordenamento jurídico nacional.

Trata-se de ação de busca e apreensão decorrente de contrato de alienação fiduciária convertida em ação de depósito e julgada parcialmente procedente para condenar o réu à devolução do bem ou pagamento do valor equivalente, excluída a pena de prisão. A ré pretende a condenação com a possibilidade de pena de prisão porque é revel e não há diferença nas ações de depósito. A prisão civil por dívida não encontra amparo na Constituição de 1988, ressalvadas as hipóteses do artigo 5º, LXVII, que não se amoldam ao caso concreto.

O contrato de alienação fiduciária em garantia possui características próprias e não pode ser confundido com o de depósito, cuja finalidade principal é a guarda temporária, nos termos do artigo 627 do CC/2002.

Tal contrato não pode transmudar-se em depósito, pois a ele faltam os elementos substanciais, tais como conceituados no Código Civil. Em outras palavras, o fiduciante que não entrega o bem não pode ser considerado depositário nos termos do artigo 627 do CC/2002, de depósito de guarda o contrato não trata, e muito menos infiel, como conclusão lógica, a impossibilitar a pena excepcional em casos de dívida civil.

Tal posição está fundamentada segundo orientação do STF e posição amplamente majoritária no E. STJ:

> *Processo civil – Agravo regimental em recurso especial – Contrato bancário – Alienação fiduciária – Busca e apreensão – Conversão em ação de depósito – Equiparação a depositário infiel – Prisão civil – Inadmissibilidade – Desprovimento.*

Esta Corte já pacificou o entendimento de que, em caso de conversão da ação de busca e apreensão em ação de depósito como verificado na espécie, é inviável a prisão civil do devedor fiduciário, porquanto as hipóteses de depósito atípico não estão inseridas na exceção constitucional restritiva de liberdade, inadmitindo-se a respectiva ampliação.

Não bastasse, hoje não é mais aceita a prisão civil por depositário infiel. No julgamento conjunto dos Recursos Extraordinários 466.343 e 349.703 e do HC 87.585 pelo STF, em 3.12.2008 foi revogada a Súmula 619 daquele Tribunal e concluiu-se pela impossibilidade de prisão do depositário infiel, ficando restrita a medida apenas ao inadimplente voluntário e inescusável de pensão alimentícia.

Vamos também expor o acórdão extraído da RT. 868/278 referente ao julgamento da Apelação Civil 31095-0/2007, pelo Tribunal de Justiça da Bahia em 5.9.2007.

> *PRISÃO CIVIL – Depositário infiel – Alienação fiduciária – Busca e apreensão – Conversão em ação de depósito – Inadmissibilidade de decretação da custódia, por não se tratar de contrato de depósito puro, previsto pelo Código Civil – Inteligência do artigo 5º, LXVII, da CF.*

Com o advento da nova ordem constitucional e diante da redação dada ao artigo 5º, LXVII que, ao contrário do texto anterior (artigo 153,

§17, da CF/69), suprimiu a expressão "na forma da lei", a prisão civil só se permite ao depositário infiel constante de depósito puro, previsto no Código Civil, sem alcançar o "depositário por equiparação", como o decorrente do contrato de alienação fiduciária.

Não se pode olvidar que, tratando-se de norma garantidora de um bem indisponível, que é a liberdade, a interpretação deve ser restrita às hipóteses previstas de forma taxativa na Carta Magna. A possibilidade de prisão civil abrange, por isso, o tão somente depósito puro, ou aquele em que há custódia da coisa no interesse do depositante.

Portanto, como não há rigorosamente um depósito na alienação fiduciária, não haverá possibilidade de prisão civil do devedor fiduciante inadimplente, não havendo que se admitir que o artificialismo de uma equiparação, de uma lei infraconstitucional, venha a afrontar a norma constitucional garantidora da liberdade de ir e vir (artigo 5º, VIII), que só atinge o depósito puro, ou típico, aquele em que há custódia da coisa no interesse do depositante. Resta solidificado o entendimento do STJ, de que não cabe a prisão civil do depositário quando derivada do contrato atípico de alienação fiduciária.

21. DA PROPRIEDADE FIDUCIÁRIA

21.1. Aspectos conceituais

21.2. Constituição da propriedade fiduciária

21.3. Efeitos da propriedade fiduciária

21.4. Consequências do inadimplemento do devedor

21.5. Sub-rogação do crédito

21.6. Os vários institutos afins

    21.6.1. Negócio fiduciário

    21.6.2. Alienação fiduciária em garantia

    21.6.3. Propriedade fiduciária

    21.6.4. Pacto comissório

    21.6.5. Propriedade resolúvel

21.1. Aspectos conceituais

A AFG é um contrato criador da propriedade fiduciária. Essa também é a função do negócio fiduciário, visto que a AFG é modalidade de negócio fiduciário. No decorrer de nossos estudos tivemos oportunidade de expor o conceito de propriedade fiduciária, mas ela exige estudo especial, tanto que também teve regulamentação especial nos artigos 1.361 a 1.368 de nosso Código Civil. O conceito mais conveniente para nós é encontrado no artigo 1.361 do Código Civil:

> *Considera-se fiduciária a propriedade resolúvel de coisa móvel infungível que o devedor, com escopo de garantia, transfere ao credor.*

Nota-se que a propriedade fiduciária somente é formada por coisa móvel infungível. Um imóvel é infungível, mas não pode constituir esse tipo de propriedade fiduciária, por ser esta reservada apenas a coisas móveis infungíveis. Podem ser automóveis, geladeiras, máquinas novas, computadores. Nem sempre esses aparelhos são infungíveis; se forem novos será possível substituí-los, como, por exemplo, um automóvel Santana preto, modelo 2010 – poderá ser trocado um por outro, ou seja, da mesma qualidade, quantidade, valor, espécie, modelo, cor e outras características próprias do modelo. Se fosse um carro usado, seria difícil constituir propriedade fiduciária, por ser não muito infungível.

Nota-se também que a propriedade fiduciária é uma propriedade resolúvel, vale dizer, será devolvida a quem a transferiu quando deixar de garantir uma dívida, isto é, que tenha sido adimplida. Esta é a finalidade, o escopo, da propriedade fiduciária: garantir uma dívida.

21.2. Constituição da propriedade fiduciária

Pelos próprios dizeres do artigo 1.361 deduz-se que a propriedade fiduciária é constituída por um contrato, um acordo de vontades entre duas partes: uma parte é o devedor e outra o credor; o primeiro é quem transfere a coisa para formar a propriedade fiduciária, e o segundo é quem a recebe em garantia. Constitui-se a propriedade com o registro do contrato celebrado por instrumento público ou particular, que lhe serve de título, no Registro de Títulos e Documentos do domicílio do devedor, ou, em se tratando de veículos, na repartição competente para o licenciamento, fazendo-se anotação no certificado de registro. Logo, o contrato de formação da propriedade fiduciária, se se tratar de veículos automotores, deverá ser registrado no DETRAN. Mesmo assim, julgamos necessário também o registro no Cartório de Títulos e Documentos, para ter efeito *erga omnes*, apesar da segurança que dá o registro no DETRAN.

A propriedade fiduciária é formada por um contrato formal, nominado, porquanto a lei prescreve para ele os elementos essenciais: terá que conter o total da dívida, ou sua estimativa; o prazo, ou a época do pagamento; a taxa de juros se houver; e a descrição da coisa objeto do pagamento; a taxa de juros se houver e a descrição da coisa objeto da transferência, com os elementos indispensáveis à sua identificação. Faz parte ainda da formalidade desse contrato a obrigatoriedade de registro no órgão competente. Pode ser constituída por uma cláusula no contrato de alienação fiduciária em garantia.

21.3. Efeitos da propriedade fiduciária

Formada a propriedade fiduciária, vários efeitos decorrerão dela; dá-se o desdobramento da posse, tornando-se o devedor possuidor da coisa e o credor o possuidor indireto. É possível que o bem objeto da propriedade fiduciária já pertencesse ao devedor; a propriedade superveniente, adquirida pelo devedor, torna eficaz, desde o arquivamento à transferência da coisa.

Tornando-se possuidor direto, o devedor, antes de vencida a dívida, poderá usar a coisa segundo sua destinação, a suas expensas e risco, no papel de fiel depositário. Cumpre-lhe, porém, a obrigação de observar certos cuidados próprios do depositário: deverá empregar na guarda da coisa a diligência exigida por sua natureza; em segundo lugar, a entregá-la ao credor, se a dívida não for paga no vencimento.

21.4. Consequências do inadimplemento do devedor

O não pagamento da dívida ou a sua mora provocará a perda da propriedade do bem do devedor. Entretanto, essa passagem do domínio do bem para o patrimônio do credor não é tão singela como parece dizer a lei de modo genérico. O artigo 1.365 começa a restringir os poderes do credor, dizendo ser nula a cláusula que autoriza o proprietário fiduciário a ficar com a coisa alienada em garantia, se a dívida não for paga no vencimento. Ele poderá ficar com a coisa, mas seguindo certos trâmites.

O pacto comissório de origem romana é proibido no direito brasileiro, como era no Código Civil italiano, no qual nosso Código se baseou. Entretanto, nosso Código permite que haja acordo entre as partes, ou seja, o pacto comissório poderá ser possível desde que conte com o beneplácito do fiduciante. Além disso, o devedor-fiduciante pode, com a anuência do credor, dar seu direito eventual à coisa em pagamento da dívida, após o vencimento deste. É uma dação em pagamento.

Vencida a dívida e não paga, fica o credor obrigado a vender, judicial ou extrajudicialmente, a coisa a terceiros, a aplicar o preço no pagamento de um crédito e das despesas de cobrança, e a entregar o saldo, se houver, ao devedor. É a execução nos termos da lei, em critérios herdados do direito anglo-germânico.

Trata-se de questão referente à equidade: quando, vendida a coisa, o produto não bastar para o pagamento da dívida e das despesas de cobrança, continuará o devedor obrigado pelo restante. De acordo com esse critério, por outro lado, se sobrar dinheiro resultante da venda do bem, essa sobra deve ser entregue ao devedor; caso contrário, o credor estaria se enriquecendo indevidamente à custa do devedor.

21.5. Sub-rogação do crédito

O pagamento da dívida pode ser feito por um terceiro, seja ele um interessado ou não. Poderia ser um garante da dívida, como um avalista ou fiador da dívida, mas não necessariamente. Nada impede que alguém pague a dívida de outrem, a menos que o credor se recuse a receber, o que se afigura difícil de acontecer.

Seja lá quem for o pagador da dívida, se ele pagá-la irá se tornar o novo credor; para ele são transferidos os direitos creditórios, permanecendo o mesmo devedor. É o fenômeno da sub-rogação ou direito de regresso. O novo credor poderá voltar-se contra o devedor anterior, cobrando a dívida.

Outros tipos de propriedade fiduciária seguem o mesmo critério. As demais espécies de propriedade fiduciária submetem-se à disciplina específica das respectivas leis especiais, somente aplicando as disposições do Código Civil naquilo que não for incompatível com a legislação especial. Vamos citar outras espécies de propriedade fiduciária. Uma é a formada de acordo com o Decreto-lei 911/69, ou seja, a alienação fiduciária em garantia usada no financiamento de bens móveis duráveis. Outra é a formada segundo a Lei 9.514/97, aplicada no financiamento de imóveis. Para esse dois tipos de AFG aplica-se, a cada uma, sua lei específica, e, subsidiariamente, as normas do Código Civil.

21.6. Os vários institutos afins

Após as considerações sobre a propriedade fiduciária, muitas dúvidas surgem sobre a identidade dos vários institutos jurídicos e interpretação dos termos utilizados, que provocam a impressão de se falar sobre a mesma realidade.

1- O que é propriedade fiduciária?

2- O que é alienação fiduciária em garantia?

3- O que é negócio fiduciário?

4- O que é pacto comissório?

5- O que é propriedade resolúvel?

Todas as expressões acima não se referem à mesma realidade jurídica? Não são a mesma coisa? Realmente, esses institutos são afins e se interpenetram, gerando manifesta confusão. Urge, portanto, definir cada um deles, discriminando um do outro, apontando suas diferenças específicas.

21.6.1. Negócio Fiduciário

É um contrato com várias aplicações, conforme vimos no início deste capítulo. É a antiga fidúcia dos romanos. Negócio fiduciário é gênero do qual alienação fiduciária em garantia é espécie.

21.6.2. Alienação Fiduciária em Garantia

É o contrato pelo qual o devedor transfere uma coisa móvel ou imóvel objeto de transação ao credor com cláusula resolutória. A AFG só se aplica a coisas, enquanto o negócio fiduciário se aplica a bens incorpóreos e não somente a coisas. O credor-fiduciário só poderá ser um tipo de instituição financeira: a **sociedade de financiamento, crédito e investimento**. No negócio fiduciário poderá ser qualquer pessoa capaz.

21.6.3. Propriedade Fiduciária

É um tipo de propriedade, oriunda do contrato de negócio fiduciário ou de alienação fiduciária em garantia. É, portanto, criada pelo contrato; é de natureza contratual. É um direito real típico; o mais amplo dos direitos reais; uma garantia real nova, nova espécie de propriedade limitada e resolúvel.

21.6.4. Pacto Comissório

É cláusula de um contrato, que poderá ser o contrato de negócio fiduciário ou de alienação fiduciária em garantia. Por esta cláusula, o credor terá o direito de ficar com o bem alienado, caso o devedor não pague a dívida. Nessa cláusula as duas partes assumem obrigações recíprocas: o fiduciante em ceder o bem alienado ao fiduciário; o fiduciário a devolver a coisa ao fiduciante quando a dívida for paga.

21.6.5. Propriedade Resolúvel

É a propriedade em que há um elemento que a destrói juridicamente. Ela tem uma cláusula que fará com que ela tenha um fim previsto, se forem implementadas certas condições. Está regulamentada no Capítulo VIII do Código Civil, nos artigos 1.359 e 1.360. Fizemos estudo pormenorizado da propriedade resolúvel neste compêndio.

Toda propriedade fiduciária é resolúvel, conforme diz o artigo 1.361 do Código Civil, mas nem toda propriedade resolúvel é fiduciária.

22. A AFG NAS CÉDULAS DE CRÉDITO

22.1. Aplicações especiais da AFG
22.2.   A cédula de crédito industrial
22.3. A cédula de crédito à exportação
22.4. A cédula de crédito comercial
22.5. A cédula de crédito bancário

22.1. Aplicações especiais da AFG

Tão logo tivesse sido criada em 1965, a AFG encontrou aplicação especial, em 1969, prevista no Decreto-lei 413/69, que criou o financiamento industrial por meio da Cédula de Crédito Industrial. As linhas mestras dessa operação são as tradicionais: é um contrato de mútuo, lastreado por um título de crédito especial, tipo de nota promissória e geralmente garantido por aval. Independente dessa garantia pessoal, há também a garantia real, da AFG. No estudo das garantias, fizemos referência à possibilidade de haver várias garantias para o mesmo crédito. Este é um exemplo dessa incidência: um empréstimo de dinheiro com garantia de aval e da AFG – o primeiro no título de crédito, o segundo no contrato de garantia. Entretanto, este contrato de garantia é formalizado no próprio título de crédito.

O empréstimo de mútuo é um financiamento dirigido: destina-se a financiar uma operação industrial, comercial ou de exportação. O título que lastreia essas operações é chamado respectivamente de **cédula de crédito industrial, cédula de crédito comercial** e **cédula de crédito à exportação**, e **cédula de crédito bancário**.

As garantias reais que garantem essas operações são de três espécies: penhor, hipoteca e AFG. Esta última é que nos interessa neste exato momento e segue as normas gerais da AFG, expressas no Decreto-lei 911/69 para coisas móveis e Lei 9.514/97 para coisas imóveis.

22.2. A cédula de crédito industrial

O primeiro desses títulos de crédito especiais foi criado em 1969, pelo Decreto-lei 413/69, chamando-se **cédula de crédito industrial**, para financiamento de atividades industriais, com alguns caracteres comuns de outros títulos de crédito, principalmente da nota promissória. Afasta-se, porém, das características gerais dos títulos de crédito. Dois foram os títulos criados com objetivo de facilitar o financiamento das atividades industriais: **cédula de crédito industrial** e **nota de crédito industrial**. Esta última é desprovida de garantia real, razão por que não nos interessa neste momento.

A emissão da cédula de crédito industrial contém uma promessa de pagamento de dinheiro a uma instituição financeira, num determinado prazo e num determinado lugar. É, portanto, um título bancário, pois o favorecido é sempre um banco; é também um tipo de nota promissória, por ser promessa de pagamento. Deve ser emitida apenas por uma empresa industrial (individual ou coletiva) e a favor de instituição financeira.

Embora seja um título de crédito, ou seja, com a garantia cambiária, com possível aval, a cédula de crédito industrial deve garantir o crédito por ela representado. Essa garantia pode ser de três tipos: penhor cedular, hipoteca cedular e alienação fiduciária em garantia. São garantias extracambiárias, embora chamadas legalmente de cedulares. É um afastamento da teoria geral dos títulos de crédito, pois constam da cédula declarações não cambiárias, como as de garantia real.

A AFG pode recair sobre qualquer tipo de bens: equipamentos industriais, matéria-prima, veículos, produtos acabados, navios, aviões, títulos de crédito e outras coisas móveis. Podem ser também imóveis. Esses bens deverão, obrigatoriamente, segurados contra todos os riscos, sendo a apólice de seguro anexada à cédula, integrando o dossiê dela. Normalmente, o financiador exige que o seguro seja feito pela empresa seguradora do grupo a que pertence o banco financiador. No caso de inadimplemento do devedor-fiduciante, segue-se o sistema de execução previsto na lei.

22.3. A cédula de crédito à exportação

A adoção da cédula de crédito industrial estimulou a criação de outros títulos semelhantes. Baseada nela, a Lei 6.313/75 criou a cédula de crédito à exportação. É título emitido por empresa que obtiver financiamento bancário, para exportação de bens, com garantias reais. A ambos se aplicam as disposições legais referentes aos títulos de crédito industrial, isto é, o Decreto-lei 413/69.

Esta cédula é garantida por AFG, bem como por penhor cedular e hipoteca cedular, nos mesmos moldes da cédula de crédito industrial.

22.4. A cédula de crédito comercial

Também calcado nas disposições do Decreto-lei 413/69, a Lei 6.840/80 criou a cédula de crédito comercial, destinada a financiar operações tipicamente comerciais ou de prestação de serviços. É emitida por uma empresa não industrial, mas de distribuição de bens ou prestação de serviços. Afora a garantia do aval, é garantida por AFG.

22.5. A cédula de crédito bancário

A mais nova criação de cédula de crédito se deu em 2001, com a Cédula de Crédito Bancário, pela Medida Provisória 2.160-22, aplicando-se-lhe as normas da Cédula de Crédito Industrial, expostas no Decreto-lei 413/69. Segundo diz o nome, o beneficiário da CCB é sempre uma instituição financeira ou entidade a ela equiparada, ou seja, os bancos.

Há sempre um contrato de mútuo, em que o banco empresta dinheiro ao mutuário, mediante garantias reais, entre elas a AFG. Aspecto excepcional, porém, é a disposição que permite a alienação fiduciária de bens fungíveis, o que contraria a legislação fiduciária. A AFG só se aplica a bens infungíveis, como imóveis, ou móveis como veículos automotores, computadores e utilidades domésticas; são bens individualizados. É o caso de um imóvel: a garantia é dada para o financiamento de certo e determinado imóvel, que não pode ser substituído por outro. Se for um automóvel será "aquele" automóvel e não outro qualquer.

Realmente, esse tipo de operação é praticado há muitos anos, mas não com o nome de alienação fiduciária em garantia. Ocorre principalmente com penhor agrícola e pecuário. Por exemplo: um pecuarista levanta empréstimos no banco e lhe faz o penhor de uma boiada de 500 bois. O boi é um bem fungível, porque pode ser substituído por outro da mesma qualidade; se morre um boi ele será substituído por outro. Se a boiada tiver que servir de pagamento não será com os mesmos bois, mas com várias modificações.

Em vez de bois, poderiam ser 500 sacas de arroz. Se o devedor fosse entregar esse penhor não seriam as sacas primitivas, mas outras sacas, desde que tenham a mesma qualidade e quantidade.

Por analogia, a alienação fiduciária poderia ser também aplicada nas demais cédulas de crédito. E se a prática vulgarizar-se, não será de admirar que se estenda a AFG de coisas fungíveis nas demais cédulas e outras operações de crédito.

23. DA MORA NA AFG

23.1. Aspectos conceituais

23.2. As disposições legais

23.3. Consequências da mora

    23.3.1. Vencimento antecipado

    23.3.2. Perda da posse da coisa

    23.3.3. Sofrimento das ações fiduciárias

    23.3.4. Perda do direito de propriedade

    23.3.5. Pagamento do saldo

23.4. A purgação da mora

23.5. A prova da mora

23.6. O pronunciamento judicial

23.1. Aspectos conceituais

O termo **"mora"** está ligado à demora, do qual parece ter-se originado e conserva o mesmo sentido. É o atraso, o retardamento no cumprimento de obrigação no momento em que deveria ser cumprida. Representa a violação de um dever previamente estabelecido entre duas partes, ocasionando prejuízos a alguma delas. Na AFG há obrigações assumidas pelas duas partes, fiduciante e fiduciário, a serem cumpridas no seu termo, vale dizer, num determinado dia e num determinado lugar. Não sendo cumprida uma dessas obrigações no seu termo, por uma das partes, há uma falta imputada à pessoa que deveria cumpri-la.

A mora pode ser do devedor ou do credor, sendo esta última muito rara, mas possível e motivada pelo interesse do credor. A mora do credor, também conhecida como *mora creditoris* ou *mora accipiendi* (demora em receber), é a recusa do credor em receber o cumprimento da obrigação do devedor. É muito utilizada nas relações de inquilinato, em que o locador cria dificuldades para receber o aluguel, visando a constituir em mora o locatário, para poder recuperar o imóvel.

Na AFG é mais difícil a ***mora creditoris***, pois a própria legislação prevê condições desfavoráveis para ela: se for vendida a coisa por valor superior ao da dívida, o excesso deve ser entregue ao fiduciante. O processo para recuperar o bem é custoso e demorado, pois exige ações judiciais. A recuperação do bem alienado será normalmente depreciativa; o bem é alienado quando é novo e recuperado quando é usado.

Por outro lado, a mora do devedor, ou *mora solvendi* (mora do pagamento), ou *mora debitoris*, é muito comum, ante a instabilidade financeira pessoal ou coletiva. O fiduciante deixa de pagar as prestações a que se obrigou; há o inadimplemento comprovado de obrigações. Os dois tipos de mora são previstos no artigo 394 do Código Civil:

> *Considera-se em mora o devedor que não efetuar o pagamento e o credor que não quiser recebê-lo no tempo, lugar e forma que a lei ou a convenção estabelecer.*

23.2. As disposições legais

Não se vê na lei e na doutrina dúvidas e problemas quanto à mora. Ela está regulamentada no Título IV do Código Civil, denominado

Do Inadimplemento das Obrigações; a mora ocupa os artigos 394 a 401, e com bastante clareza e objetividade. No campo específico da AFG, a mora ficou prevista no parágrafo 2º do artigo 2º, apenas no que tange à sua comprovação, uma vez que seu mérito dispensa comentários. Assim diz:

> *A mora decorrerá do simples vencimento do prazo para pagamento e poderá ser comprovada por carta registrada expedida pelo Cartório de Títulos e Documentos ou pelo protesto do título, a critério do credor.*

Nota-se que a lei fala **"poderá"** e não **"deverá"**, razão pela qual é dispensável essa notificação formal. Contudo, a lei ainda diz que "a mora decorre do simples vencimento do prazo". Esses dizeres aplicam o princípio do direito romano: ***Dies interpellat pro homine*** (o dia interpela pelo homem). Se o vencimento está no contrato assinado pelo devedor, este dia deve ser conhecido e lembrado por ele. Deveria ficar anotado, se não em sua memória, pelo menos em sua agenda.

Quanto à AFG de bens imóveis, o critério é idêntico, pelo que se vê no artigo 26 da Lei 9.514/97:

> *Vencida e não paga, no todo ou em parte, a dívida e constituído em mora o fiduciante, consolidar-se-á nos termos deste artigo, a propriedade do imóvel em nome do fiduciário.*

A dedução é a de que o decurso do prazo para pagamento sem que este seja efetuado, coloca em mora o devedor, não havendo exigência de aviso ao fiduciante. O que o mesmo artigo 26 exige é que seja intimado a pagar a dívida, mas não da mora, já que esta ficou patenteada.

23.3. Consequências da mora

São várias as sanções que a mora pode provocar, algumas decorrentes da lei, outras do contrato. Vejamos então o que nos diz, a este respeito, as duas leis reguladoras da AFG.

202

23.3.1. Vencimento antecipado

O pagamento do débito fiduciário é normalmente feito em prestações, e a mora em uma das prestações provoca o vencimento antecipado de todas as prestações faltantes, ficando o fiduciante obrigado a pagar o total da sua dívida, incluindo-se nela juros, correção monetária, taxas, cláusula penal e demais despesas que surgirem. A *acceleration clause* está prevista no parágrafo 3º do artigo 2º:

> *A mora e o inadimplemento de obrigações garantidas por alienação fiduciária, ou a ocorrência legal ou convencional de algum dos casos de antecipação de vencimento da dívida facultarão ao credor considerar, de pleno direito, vencidas todas as obrigações contratuais, independentemente de aviso ou notificação judicial ou extrajudicial.*

23.3.2. Perda da posse da coisa

É a mais penosa das sanções, pois é a perda não só da posse, mas dos demais direitos atinentes a ela. A mora dá ao fiduciário o direito de vender a coisa alienada para aplicar o preço da venda no pagamento de seu crédito e das despesas ocasionadas pela cobrança. Em consequência, o fiduciante perde seu direito de posse e deverá entregar a coisa alienada ao fiduciário, sob pena de ser coagido judicialmente.

23.3.3. Sofrimento das ações fiduciárias

Caso não entregue voluntariamente a coisa ao fiduciário, o fiduciante poderá ser alvo das medidas assecuratórias dos direitos do fiduciário, como a de busca e apreensão, a de depósito e a execução e ser obrigado a devolver a coisa em sua posse ou a ver a ação de busca e apreensão transformada em ação de depósito, podendo ser declarado depositário infiel ocasionando até mesmo sua prisão. Outra ação que poderá sofrer o fiduciante é a execução de seus bens particulares.

23.3.4. Perda do direito de propriedade

Embora o fiduciante tenha transferido a propriedade da coisa ao fiduciário, resta-lhe ainda uma expectativa de direito da propriedade, uma vez que ela voltará a ser dele, por ser propriedade resolúvel. A mora faz a propriedade perder esse caráter, transformando-se em propriedade plena do fiduciário, pela consolidação. O fiduciante perde a possibilidade de readquirir a propriedade da coisa.

23.3.5. Pagamento do saldo

Se o preço da venda da coisa não bastar para pagar o débito do fiduciante, sobrará um saldo a que ele fica obrigado, podendo sofrer execução desse saldo.

23.4. A purgação da mora

Purgar significa pagar, expiar. É expressão oriunda do verbo latino **purgare**, de onde veio o nome **purgatio** (purgação). É também a origem de purgatório, lugar em que as almas pagavam seus pecados para poderem entrar no céu. A purgação da mora, no tocante à AFG, é uma faculdade concedida ao fiduciante inadimplente, mesmo depois que ele tiver perdido direitos, em vista da consolidação do bem em nome do fiduciário. Purgar a mora é pagar a dívida.

Conforme já vimos, a mora pode provocar contra o fiduciante a ação de busca e apreensão, sendo concedida liminarmente pela Justiça. Cinco dias depois a propriedade e a posse plena e exclusiva da coisa é consolidada no patrimônio do fiduciário; nesse prazo o fiduciante poderá purgar a mora e a purgação faz reverter a coisa ao fiduciante. Vimos então que a mora é um ato unilateral do fiduciante moroso, que visa a remediar os efeitos da mora.

Artigo 2º do Decreto-lei 911/65 fala em inadimplemento ou mora, mas só a mora pode ser purgada; o inadimplemento não admite purgação. Há diferença entre um e outro; o inadimplemento é quando o devedor não mais poderá quitar a dívida, enquanto a mora é remediável; a obrigação poderá ainda ser cumprida.

Vamos citar um exemplo: numa exposição de venda de roupas realizada no dia 20 de março, uma indústria ficou de fornecer roupas para essa promoção no dia 10 de março. Chegou o dia 10 e a mercadoria não foi entregue; a fornecedora ficou em mora. No dia 20 foi realizada a promoção sem a mercadoria: trata-se agora de inadimplemento, pois a entrega não mais interessa ao comprador; seria inútil para ele a entrega.

23.5. A prova da mora

Normalmente a mora independe de prova, a menos que tenha sido convencionado no contrato algum aviso. É chamada de mora *ex re*. Por isso diz o artigo 397 do Código Civil:

> *O inadimplemento da obrigação, positiva e líquida, no seu termo, constitui de pleno direito em mora o devedor.*

Se o contrato da AFG estabelece um dia certo em que o pagamento deve ser feito, o fiduciante deve saber que deverá pagar *hic et nunc* (aqui e agora). Não pagou, está em mora, independentemente de provocação do fiduciário. O *dies interpellat pro homine* assume o papel da intimação. Assim diz a lei.

Todavia, a prudência recomenda a sugestão do parágrafo 2º do artigo 2º, já que a mora poderá ser comprovada por carta registrada por intermédio do Cartório de Títulos e Documentos. Se houver no contrato um título de crédito, como nota promissória ou letra de câmbio, será conveniente o protesto do título. Se o titulo tiver endosso ou aval o protesto será necessário.

23.6. O pronunciamento judicial

Em que pese a clareza da questão, o devedor geralmente se apega a dúvidas sobre a mora para retardar o pagamento ou safar-se da dívida. Vamos invocar então o pronunciamento do Tribunal de Justiça de São Paulo pondo "pá de cal" nas dúvidas, ao julgar o Agravo de Instrumento 1224304-0/7, em 30.10.2008. Esse acórdão foi extraído da *Revista dos Tribunais* RT. 882/197.

ALIENAÇÃO FIDUCIÁRIA – Busca e apreensão – Mora – Comprovação do evento através de notificação enviada ao endereço fornecido pelo devedor no contrato celebrado – Admissibilidade – Desnecessidade de recebimento pessoal do aviso – Obrigação do contratante de comunicar a alteração de endereço.

EMENTA OFICIAL

AGRAVO DE INSTRUMENTO – Alienação fiduciária – Busca e apreensão – Mora – Comprovação através de notificação enviada ao endereço fornecido pelo devedor no contrato, não havendo necessidade do recebimento pessoal – Aplicação da Súmula 29 do extinto 2º TACivil-SP – Obrigação do agravado de comunicar a sua alteração de endereço – Liminar deferida – Admissibilidade.

Alega a agravante em síntese que: a mora restou comprovada, pois a notificação foi enviada ao endereço constante no contrato, indicado pelo próprio agravado; que a notificação deixou de ser entregue porque o agravado "mudou-se"; que é dever de todo contratante manter os seus dados atualizados, em atenção ao princípio da boa-fé; que se o agravado veio a se mudar e não procedeu prontamente a correção de seu cadastro com o banco-autor, deve sujeitar-se aos eventuais prejuízos advindos de ato a ele mesmo imputável; que deve ser aplicado o entendimento consolidado na Súmula 29 do extinto TACivil – SP; que ao recurso deve ser dado provimento, deferindo-se a liminar de busca e apreensão.

É o relatório.

Assiste razão à agravante. Determinou a prolatora da decisão recorrida que a agravante comprovasse a efetiva notificação do devedor, por entender que a notificação juntada aos autos não era válida.

Todavia, tal como prescreve a Súmula 29 do extinto 2º Tribunal de Alçada Civil:

"A comprovação da mora, a que alude o §2º do Decreto-lei 911/69, pode ser feita pela notificação extrajudicial, demonstrada pela entrega da carta no endereço do devedor, ainda que não obtida a assinatura de seu próprio punho".

Confira-se:

AGRAVO DE INSTRUMENTO – Alienação fiduciária – Busca e apreensão – Mora – Comprovação através de carta enviada ao endereço fornecido pelo devedor no contrato – Desnecessidade de recebimento pelo devedor pessoalmente – Aplicação da Súmula 29 do extinto 2º Tribunal de Alçada Civ Il – Liminar deferida. Agravo de Instrumento – 1074177-0/9.

RECURSO ESPECIAL 167.356-SP

AÇÃO DE BUSCA E APREENSÃO – Comprovação da mora – Notificação por carta expedida pelo cartório com aviso de recebimento, validade. Para comprovação da mora é suficiente a notificação por carta com AR entregue no endereço do devedor, não se exigindo que a assinatura constante do referido aviso seja a do próprio destinatário. O endereço para onde foi encaminhada a notificação é aquele fornecido pelo próprio réu no contrato celebrado com a ora agravante.

Cabia ao agravado comunicar ao agravante sua mudança de endereço, o que não ocorreu e frustrou a possibilidade de ser cumprida a notificação que foi expedida corretamente.

Impressão e acabamento
Imprensa da Fé